2020年湖北工程学院教学改革研究项目
（项目编号：2020A26）

英汉语言隐喻的认知对比

李玲 著

北京
冶金工业出版社
2020

内 容 提 要

全书共分为七章，主要内容包括：绪论，英汉隐喻认知对比的理论基础，英汉时空隐喻的认知对比，英汉数字隐喻的认知对比，英汉情感、颜色与饮食隐喻的认知对比，英汉人体与动植物隐喻的认知对比，结语。

本书可供英语学习者阅读，也可供语言和隐喻研究者参考。

图书在版编目(CIP)数据

英汉语言隐喻的认知对比/李玲著. —北京：冶金工业出版社，2020.9
ISBN 978-7-5024-6168-3

Ⅰ.①英… Ⅱ.①李… Ⅲ.①英语—隐喻—对比研究—汉语 Ⅳ.①H315 ②H15

中国版本图书馆 CIP 数据核字(2020)第 191631 号

出 版 人 苏长永
地　　址 北京市东城区嵩祝院北巷 39 号 邮编 100009 电话 (010)64027926
网　　址 www.cnmip.com.cn 电子信箱 yjcbs@cnmip.com.cn
责任编辑 俞跃春 刘林烨 美术编辑 吕欣童 版式设计 禹 蕊
责任校对 郑 娟 责任印制 李玉山
ISBN 978-7-5024-6168-3
冶金工业出版社出版发行；各地新华书店经销；三河市双峰印刷装订有限公司印刷
2020 年 9 月第 1 版，2020 年 9 月第 1 次印刷
169mm×239mm；10.5 印张；204 千字；159 页
76.00 元

冶金工业出版社 投稿电话 (010)64027932 投稿信箱 tougao@cnmip.com.cn
冶金工业出版社营销中心 电话 (010)64044283 传真 (010)64027893
冶金工业出版社天猫旗舰店 yjgycbs.tmall.com
(本书如有印装质量问题，本社营销中心负责退换)

前　言

随着认知语言学的兴起，隐喻的作用在学界被重新认识。隐喻在新兴起的认知语言学中占据中心地位，它不仅是一种语言修辞手法，还是一种思维模式，更是一种有效的认知工具，通常被人们借来认知抽象事物。人类在认识和改造客观世界的活动中，相同的生理结构和生活环境使其产生了许多相同的主观印象和概念。但是，不同的地理和人文环境又使得人类的主观认识和概念有所差异。在英汉语言隐喻中，可以找到丰富的实例来证实其同异。了解英汉隐喻的差异并且探析其成因，既有助于提高英语学习者的学习水平，也能促进跨文化交流。尤其是在当前全球化的背景下，将起到促进英汉文化交流、减少跨文化用语失误和理解偏差的积极作用。

本书旨在探讨以语言隐喻为主，结合两种语言中的具体事例来对比分析英汉隐喻的差异。第一章内容包括隐喻研究综述、认知语言学视角下的隐喻观、跨文化视角下的隐喻观；第二章围绕隐喻的基本特点、隐喻认知的理论基础、隐喻的工作机制、英汉语言文化的对比，诠释英汉隐喻认知对比理论；第三章分析英汉时空隐喻的认知对比，内容涵盖英汉时间隐喻的认知对比、英汉空间隐喻的认知对比；第四章是英汉数字隐喻的认知对比，论述英汉数字隐喻的相同点、英汉数字隐喻的差异及原因、英汉数字熟语对比；第五章阐述英汉情感、颜色与饮食隐喻的认知对比，主要包括英汉“喜悦”隐喻的认知对比、英汉“愤怒”隐喻的认知对比、英汉“恐惧”隐喻的认知对比、英汉

"悲伤"隐喻的认知对比、英汉颜色隐喻的认知对比、英汉饮食隐喻的认知对比；第六章分析英汉人体与动植物隐喻的认知对比；第七章为结语，介绍了本书的价值与局限性。

本书在撰写过程中，得到了许多专家、学者的帮助和指导，在此表示诚挚的谢意。

由于编者水平所限，书中不妥之处，希望读者批评指正。

湖北工程学院　李　玲

2020 年 6 月

目　　录

第一章　绪　　论

隐喻不仅仅是一种修辞方式，更是一种常见的认知思维。隐喻在科学研究、社会管理及日常生活中的作用不容小觑。本章内容包括隐喻研究综述、隐喻的认知语言学分析以及隐喻的跨文化分析。

第一节　隐喻研究综述

一、隐喻与隐喻思维

（一）隐喻的理论内涵

1. 隐喻的定义

20 世纪以来，各个学科的研究视野为隐喻研究增添了丰富的内涵。关于隐喻的定义也是层出不穷，总的来说，隐喻有狭义和广义之分。狭义上，隐喻是传统修辞学所定义的隐喻，隐喻看起来像是单个词的事情，将原本属于其他事物的字，借来做隐喻。传统的隐喻即语词间的转移和替代，明喻和暗喻是一种修饰性的语言现象，两者都是不同事物之间的对比。如此看来，小范围意义的隐喻是和明喻、暗喻、提喻、拟人等地位相同的修辞方法。

大范围来讲，隐喻概念也包括很多说法，不过有一点是大家的共同点，那就是大部分概念都摒除传统意义上修辞和隐喻的定义，如此就不会把隐喻的研读局限在传统文学和修辞学方面。大范围意义上的隐喻相融了许许多多研究思维，拓宽了隐喻的研读道路。来丰富隐喻的理论内涵。隐喻是意义表达上的一种变体，是用一种观念的符号来表示另一种观念。隐喻的意义转换是从载体语义场到主题语义场的转换，从转换内容是载体术语和其他术语之间的相同和不同关联的观点来看，隐喻既是单词的使用问题，也是意义在变大方面的反映。

从根本上来说，隐喻就好比用户这一语言描述其他物体，语言的根本蕴含着隐喻的方面，如果从语言系统和外部世界的关联来看，人类所知道的世界并不真实，而是像三棱镜折射出来的现象一样。从语言系统内部来看，所有语言符号都可以用另外的语言符号替代，如此就得出一个结论，隐喻不是文学语言的特有属性，应该是人类语言普遍都有的属性。隐喻使用两个不同的事物观察对比，从其他物体中抽出符合自己需要的内容来运用。隐喻绝不仅仅是一种语言现象，从根本上讲，它是一种认知现象，隐喻的本质是通过另一类事物来理解和体验某类事物。这些观点都将隐喻作为一种认知手段、一种基本的思维方式和行为方式。

本书选取大范围隐喻的定义，将认知隐喻作为研究对象。隐喻最根本的实质是用和本体事物不同的另外一种事物为根本，明喻、转喻、提喻、谚语、寓言、拟人、类比甚至模型全部都属于认知隐喻的范围。

2. 隐喻的构成要素

从构成形式上看，隐喻的基本模式就是“A 是 B”。其中的要素 A 和 B，可以是单个的词、词组、句子、语篇，甚至是语义域、心理空间等。

在汉语中，通常将隐喻的基本要素称为本体和喻体，而在英语中，学者们对其要素命名不一（见表 1-1）。英国修辞学家理查兹（Richards）称隐喻的基本要素为“语旨或话题”（Tenor 或 Topic）和“载体或根据”（Vehicle 或 Ground），布莱克（Black）称为“主项或焦点”（Principal Subject 或 Focus）和“次项或框架”（Secondary Subject 或 Frame），认知语言学之父莱考夫（Lakoff）称为“目标域”（Target Domain）和“源域”（Source Domain），凯蒂（Kitty）和莱勒（Lehrer）称为“目标域”（Target Field）和“提供域”（Donor field）等。这些不同的术语来自不同的研究领域，因而具有不同的内涵，但是它们的指称（即外延）是相同的。

表 1-1　学者对隐喻的不同称呼

	本　体	喻　体
理查兹（Richards）	语旨或话题（Tenor 或 Topic）	载体或根据（Vehicle 或 Ground）
布莱克（Black）	主项或焦点 （Principal Subject 或 Focus）	次项或框架 （Secondary Subject 或 Frame）
莱考夫（Lakoff）	目标域（Target Domain）	源域（Source Domain）
凯蒂（Kitty）和莱勒（Lehrer）	目标域（Target Field）	提供域（Donor Field）

（二）隐喻思维

1. 隐喻思维的起源

隐喻源头的设想包括两种。第一种被称为寓言空白论，此种观点认为，人的感官不停地受到刺激是由于人与人之间的互动和接触大自然所导致，这些活动在大脑中产生不同的反应，然后处理成为信息。这样一个变化可以被看作没有限制的信息链条，随着人们生活经验的不断完善，个人所掌握的信息单位也在不断增加，然而并不是所有的信息都能用语言来表达。为了让这些不能用语言来表达的信息被人们接受，人们需要借用已经存在的语言对其进行表达。所以，隐喻最初的形成过程是为了补全那些无法进行语言表达信息的空白。而在早期，人们创造使用的词语语言多是用来表述具体化事物，随着人类思维能力的不断提高完善，人们开始运用具体存在的事物来阐述抽象存在事物。形象思维中的抽象对所有的抽象的概念都是有影响的，这种能力称为人类隐喻思维体系。

但是思维贫困论看来，在人类的原始意识当中，定义的划定大多是笼统的、模糊的，对概念进行精细的区分并使之有独立的概念是困难的。在以往的认知中，人们习惯于把不同的事物归为一类，而现在看来，这些是不一样的，所以才把它作为一种符号来表示，通过对这些定义进行精细的区分，才把具有统同一符号且含义相同的称之为隐喻。如此看来，思维贫困造成语言贫乏，语言贫乏间接导致隐喻的出现。

2. 隐喻思维的本质

隐喻从修辞领域研究过渡到认知领域研究之后，语言学方面的专家、心理学方面的专家、认知方面的科学家以及科学方面的哲学家慢慢看到：隐喻思维既是修辞方面的问题，也与人们的思维和行动有关，并且与概念定义的形成和组建有关联。排除那些人们直接获得的经验，剩余的就是那些前概念结构问题，人们的思考思维大多数和隐喻都有关系。

隐喻无时不有，无处不在，人们不仅能在交流的语言中发现它的存在，也能在思维和日常行为中寻得踪迹。事实上，人们的思考方式以及日常的行事作风从概念上讲，都属于隐喻性质的。从某种程度上讲，人们的日常思维方式也被称之为隐喻，隐喻对人类的生存是至关重要的一部分，特别是在人们的认知、思维、生活经验等基础方面，这也体现了隐喻在构建人类概念系统方面的重要性。

人们通过概念和范畴认识世界，而概念和范畴两者在根本上含有隐喻特性，比如在时间、状态、变化、行动、缘由等方面。存在于隐喻概念之下的语言表达也能形成一个相对独立的系统，这个系统被人们称为隐喻概念系统。就像人们把“理论是建筑”当成一个隐喻系统，在这个系统之下所出现的新的语言系统，都能称之为隐喻概念系统。“理论有必要打好基础”“理论有可能变成空中楼阁”等这些例子都含有隐喻感念系统的意味。

人类认知存在两个层次：一个是前概念认知（Preconceptual），另一个是概念认知（Conceptual）。前概念认知有两种构成方式：从抽象上看第一是基本层次格式塔感和感知精神活动；第二是肌肉运动知觉形象图示，就是日常经验中多次出现的简单视觉结构，具体分为感知和身体行动。认知不是具体的，是抽象的、表征的、具有意识空间和理想化认知模型的特征。即便前概念结构没有涉及很多概念领域，多次运用前概念结构来扩宽隐喻也可以形成组织结构。所以，隐喻对概念的形成有重要作用，原则上就是人们把概念结构和经验结构结合起来。

范畴化是认知世界上最根本的途径之一。假如没有范畴化能力，当身处物质世界或者社会思维互动中，人们都不会有什么建树。参照现代认知科学理论的研究结果，获取的知识是对范畴化的认知和以往的观点有所差异。以往观点认为范畴化是寻找一组事物或现象具备的共同性质，而现代观点认为范畴化是用不同的方式进行的，实际上这些认知方法都不是直接的，所以可以被认为是具有隐喻性的。复杂的事情比如利益纠纷、国家矛盾等，以及难以解决的科学现象等，都是人们获得直接经验借用隐喻的方式来感悟。

从根本上看，借用范畴来认知世界也可以划分为隐喻范围内。当人们把基本层次，以原型为标志与人们经验的基本层次联系起来，这一过程符合隐喻发展过程。将不同层次的感知与人们经验的基本层次联系起来，得到过程不是简单的、不间断的，主要是这些感觉是在时空的不同方面获得，也要和意识中的存储相结合，而这一结合的关键方法就是利用隐喻。人们的感知系统会根据变量的变化而不断地做出调整，以此来适应变量，对于变量之外的非变量，则需要建立一个认知系统，这个系统是获得认知经济性的系统。

3. 隐喻思维的误区

因为隐喻存在于人类生活的方方面面，从本质上讲，隐喻和非隐喻两者之间并没有太大的区别，所以人们通常将隐喻作为认识世界的思维存在，且这种思维存在是无意识的。需要注意的是，隐喻并不意味着完全真实，其提供的内容只是一种可能存在的假设、认识世界的方式，给人启迪。隐喻的内容不是完全真实可靠的，隐喻有时候会误导人，也许隐喻的方向南辕北辙，人们跟着这一方向会掉入陷阱，以下三个方面是隐喻误区的体现。

第一，认为隐喻的世界是存在的。隐喻在日常生活中随处可见，给人们留有深刻印象的就是死隐喻，并且死隐喻在人们的生活中时常出现。例如白驹过隙把白驹过隙来比作快速过去的时间，但是时间不是人们能碰到的存在。

此外，不论是中国还是外国都有一个浅显的隐喻，人们称之为容器隐喻。顾名思义就是把事物当作容器，比如把语言、思想当作一个容器，这就出现了在汉语言里、在相对论中、在某人的观点中等表达方式。这样一来，听的人听不懂说话人的话，这不是说话人的错，而是听的人没有讲明白自己的内容。人的思维方式受容器隐喻的影响非常大，容器隐喻能使人们产生错误的认知，这是因为容器隐喻让人们只看到了信息的传递符号，比如文字、书籍等，而没有在意人的感受，所以人们无法理解其含义，沦落为物理符号。

第二，隐喻是部分映射。隐喻的另外一个特点是部分映射，通过喻体来格外强调本体的某些特点，同时也会遮住一些特征。在研究语言和思维的人看来，隐喻就好比日食，它遮住了研究物体的一些特点，如果有合适的工具（比如望远镜）的帮助，人们就能看到一些不一样的特点。隐喻强调的部分会显得更加突出，给人不一样的思路，为人们提供事物的另一种方式。但是也不能忽略它掩盖的那一部分，如果人们忽视，就很有可能被隐喻误导误入歧途。当人们把组织系统比作为大脑的有机体时，它就强调各部分之间联系的连贯性，当人们把组织系统比作文化时，它强调组织氛围和价值观念的融合，但是忽视了组织管理强制性资源配置的合理性特征，并且有意识形态主导的倾向。

科学研究中使用的模型和上述例子十分相似，它是一把双刃剑。如果模型被人们主观地认为判定利用了错误方面时，模型和理论就会混乱。例如，人们发现光的周期性时间受光的发射理论影响而延迟；发现光的横波受声音波动理论影响而延迟。诸如此类，粒子和量子理论也存在影响和被影响的关系。

第三，隐喻在使用过程中是具有随意性的。隐喻紧密地围绕在人们的日常生活中，随时随地都能使用，并且隐喻的使用不被人们认为是错误的，但是不排除特殊情况。人们在使用隐喻时，会根据自己的实际情况对将要使用的隐喻做出选择。一般来说，人们使用隐喻时会把自己的利益放在首位，这样就容易忽视隐喻是否对他人也产生利益。隐喻本身还是一种思维方式，人们在不知不觉中根植在血肉骨髓当中。只考虑自己是动物的本性，就会出现双重标准隐喻的情况。

二、国外隐喻研究综述

在对当代西方语言学进行研究时，隐喻一直是最重要的研究概念，也一直是当代认知语言学的研究热点。

（一）国外隐喻研究综观

隐喻的单词是从希腊语演变过来，在英文中是“Metaphor”，在希腊语中是“Metapherein”，结合词义可以理解为隐喻是一种转换。这种转换方式也代表着从字面上来说，通过隐喻表达的内容经常是错误的。

现代科学已经发展300多年，对隐喻研究最早的人是大哲学家亚里士多德。亚里士多德在古希腊时期就对隐喻有研究，并提出了自己的见解。在他看来，隐喻所起的作用是为了修辞和美化句子。由于亚里士多德在学术界的权威和影响力，大家普遍认同他的观点。自那以后，隐喻就与修辞手法联系在一起，隐喻只是修辞手段之一。修辞学说在学术界慢慢变淡的过程中，人们只对隐喻的装饰性特征感兴趣。

亚里士多德认为，隐喻可以在某种意义上与自然语言分开。换句话说，隐喻是为实现特定功能或任务而添加的语言。但是，他的观点并不被浪漫主义诗人派接受，比如雪莱和科尔律治。这些挑战权威的柏拉图学派继任者，他们也丝毫不抗拒权威，并没有因为提出看法的是科学革命的先驱人士就压制自己的观点。他们认为隐喻是整个语言系统不可或缺的一部分，是人类表达想象力必不可少的方式。柏拉图思想家维科提出“语言来自隐喻”的观点，如果根据这种观点触发，那么隐喻是指语言的独特部分和形式，是语言的固有组成，不是语言的附加功能。

但是，与相对更强势的经验主义相比，挑战者的声音显得非常弱小。在现代被称为逻辑实证主义的学派，一直都反感修辞性语言，这一学派就是在牛顿和洛克时代之后主导西方思想的哲学流派。在他们看来，语言可以准确地描述客观现实，所描述的内容应该是可以被验证的内容。换句话说，现实中应该用简单的语言来描述。在科学语言中排除逻辑实证主义会导致争议，因为使用隐喻实际上是将语言误认为一种思维渠道，并认为隐喻混淆了单词的类别差异，而且，弗朗西斯·培根甚至拒绝语言在科学中的作用。极其讽刺的是，这位经验代表在解释其观点时也需要通过隐喻性语言来表达。

因此，直陈式语言能够将客观现实呈现出来，直陈式语言可以作为表达人类思想的载体。隐喻被认为是日常语言的一个限制组成部分，只能用于文字语言等特殊领域。在评估逻辑实证主义时，不应否认隐喻对人类知识进步有积极影响，但其也在不完整再现人类的经验画面，从而间接地阻止人们探索和解释，让紧迫性的学术问题不能及时被解决。但是，更严重的是，人们的心智也会因此变得麻木。

当人类进入20世纪时，维科关于语言和现实研究的提议终于引起人们的注意，并反映在语言相对论中。就语言和现实两者的关系来说，语言相对论思维对逻辑实证主义的趋势提出了挑战。尽管强势的Sapir-Gaf假设被学术界学者一直批判，即他们不认可语言决定人类的思维与态度等观点。但该假设的弱势部分，即语言能够反映人类的思维和态度等观点，对语言和现实两者的关系研究有着借鉴意义。在他们看来，人们无法直接进入所谓的客观现实。在许多情况下，人们只可以发现彼此之间的联系，认识彼此的相似之处，并使用它们来构建现实。

根据上述观点，和逻辑实证主义所主张的观点不一样，新观点认为语言与客观现实是分不开的，语言表现了人们对世界的经验和感悟，也在影响着人们对世界的体验。这种关于语言和现实的新观点打破了现代学者过往对于隐喻的研究。现代学者放弃传统观点，即隐喻是一般语言中的替代性语言现象或寄生现象，并将隐喻视为重要的认知方法。未知世界的探索者只能用熟悉且相对特定的类别概念化抽象和模糊的人类体验。

美国学者莱考夫和约翰逊受到现代精神的鼓舞，出版了《我们赖以生存的隐喻》一书。不管是在语言学界还是在人文学科研究领域，此书的重要性都不言而喻，起着革命性的推动作用。书中陈述了在现实日常生活中，人们处处可以见到的隐喻现象，实证性地推翻了“隐喻是正常语言的背离”这一观点。隐喻不仅在语言中有体现，而且在人类的思维过程和生产活动中都有体现。只是因为语言使用者没有注意到他们使用了隐喻。

在上述书中，两位学者表达了这一观点：隐喻的作用不仅仅只是装饰，隐喻与语言融为一体，语言中处处都有隐喻。如果仅仅局限于解释隐喻，那么其应该是不完整和有缺陷的。不仅如此，隐喻这一语言现象体现了人类如何思考以及人类思维如何表达，为此，隐喻已成为跨学科研究的主题。最值得注意的是许多语言学、哲学、人类学、心理学和认知科学等学术领域的著名学者都对隐喻有不同层次但是非常深刻的见解。他们都倾向认为隐喻是推理的手段，隐喻的存在，是由其联想性质，从而大大增强了人们对世界的理解。

正如基特所说，西方学术界的隐喻研究激增，在很大程度上弥补了之前被冷落的趋势。这种趋势已被人们忽略数百年，并且这股研究热潮已在世界学术界越来越强烈，不久遍传播到中国。自 1990 年以来，隐喻性学术论文就出现在国内语言研究领域的学术期刊上。有趣的是，上述学者在研究隐喻时将语言水平限制在词汇水平，而在解释隐喻时仅包括句子水平。但是，如果语言系统不是简单地由词汇组成，还存在词汇操作规则的话，在词汇层次上对隐喻的研究肯定是片面的，去揭示人类特定隐喻能力的全貌是完全不够的。打破传统隐喻研究领域限制的学者是韩礼德，其是功能学派的杰出代表。韩礼德的语言观与乔姆斯基所代表的主流语言学截然不同，他认为语言是潜在的语义系统，而不是任意的符号系统。两个不同语言学派之间的区别在于，功能学派不将词汇和语法分开。根据 Holiday 的说法，词汇和语法的组成一起表达意义。当人们以这种方式使用语言对意图进行编码时，选择发生在两个层面，即词汇层面和语法层面。因此，在他的书《功能语言学导论》中，第一次将学术注意力转移到可能出现隐喻的另一层面上。书中明确指出，隐喻的变化体现在词汇和与语法两个层面，词汇的变化只不过是一方面而已。其实，人们很难知道一个词语中是否存在隐喻，同样，在语法结构上，“一致式”和“非一致式”并没有明显区分。对于这一现象，韩礼德从语言进化论角度出发，将人类语言的发展视为“去隐喻化”的过程。人类的语言发展伴随着人类进程发展，从最开始常用转换的隐喻化，到慢慢地去隐喻化，以至于语言使用着都未注意到日常生活中隐喻的使用。

与赖考夫等认知语言学家提出的词汇隐喻理论一样，功能语言学的突破性语法隐喻理论展示了现代语言学的实用精神。正在发展以及被使用的现代语言学是人类语言进化的体现。在过去，人们往往将隐喻看作语言中的异常部分，与语言唯心主义中为代表的转换生成语法流派截然不同，功能语言学有效地挑战了将隐喻视为异常的传统隐喻观点，为隐喻存在的合理性找到并证实新依据。功能语言学在很大程度上拓宽了国际学术隐喻的研究视野，为语言学领域的研究者提供了新的研究参考。与此同时，语法隐喻的概念无疑加深人们对语言本质的理解，可以让人们更加接近语言的核心。

（二）国外隐喻研究成果

1. 比较理论与替代理论

柏拉图和亚里士多德两个学派都认为隐喻包含在哲学范围之内。隐喻之所以被人们所接受，是因为隐喻的功能是积极的、正向的，不过对隐喻的这种认知仅出现在亚里士多德时期，像一些学者如西塞罗、朗基努斯、昆提利安对隐喻的认识还没有前人的认识更加深入，甚至落后于先人。因此在中世纪时期，人为隔断了修辞和隐喻的关系。此种格局促使隐喻的比较论出现，即将隐喻和朴素思想联系起来，可以用以下公式概括。

甲方就是乙方这一隐喻。在某方面，甲方和乙方非常像。比较论的基础就是隐喻式浓缩或省略的明喻。从语言学的角度来说，隐喻的替代论是在参考对舆论之下做出的某些修正，这也可以把隐喻的作用当成填补无法用语言表达信息的空白，但实际上代替论和比较论之间是有关联的，两者都认为隐喻存在的意义就是对语言的精修装饰。从认知功能上来说，隐喻偏向于直接解释，没有什么明显作用。从提出来之后，两种隐喻观点一直不被看好，原因有以下四点。

第一，从比较论和替代论的角度分析问题。隐喻之所以能存在，是建立在预先存在的基础之上的，不过这个观点不被现代隐喻学家认同。现代隐喻学家们认为相似性仅仅是一个层级的概念，不同事物之间可能是相似的，也有可能是不相似的，不同的主体可能挑选出有相似物的两个事物。换一种说法，相似性非常依赖主观意识的判断，就像不同的主体有不同的审美。所以在布莱克看来，相似性这一观点概念非常模糊，因为其隐喻的方面只含有部分相似性。他的观点是，在某些情况下，相似性不是率先表达存在事物，而是创造这种相似性，这种方法更加准确一些。

第二，只有把语言和现实看作是相互独立的两个不同个体。人脑只是被动接受认知的容器这一观点，才能证明比较法和替代法是合理的。但是心理学家已经证明，人类的大脑是主动接受的，而且能够创造性地创造出认知和概念，并且统一差异和已经知道的事实。在自然界，所有生物都可以从世界上获得经验，但是人类有一项特殊技能，就是把直观影响升级为认知模式。因此，完全可以这样想象，如果没有人脑的活动，整个世界就会变成不一样的模样。来自不同领域的专家汇总一些数据，最后得出一个结论，即隐喻在语言中起着独一无二的作用。有不少研究结果表明，替代论和比较论对隐喻的理解是错误的，即两者都没有认识到隐喻对构建现实的重要意义。

第三，比较论和替代论相比较论述的命题是人们表达相当长度的隐喻在某些知识领域方面的理解和阐述。但是这一命题没有太大根据，因为很多科学家之前并不知道提出隐喻，而隐喻的提出实际上来源于他们的推测。探索不同范畴类型的研究，也许会给人们不同的启发，深入了解隐喻，不需要提前知道那些固定的意义。拿头脑计算机作为例子来说，科学家们使用隐喻时把它当成一种探索大脑机智的机会，并借此机会尝试着发现人类大脑与计算机的差异，但这并不能说明科学家们对头脑和计算机十分了解。基于这一研究，人们开创心理学和生命学的革命，并且带给人们全新的视角。而且在其他领域方面，也没有足够多的证据能证明隐喻的合理性，所以很容易就能想到，经验主义是如何被比较论和替代论打下王位。

第四，比较论和替代论将单词作为语言的意义单位，尤其是运用在隐喻当中。人们所说的单词，实质上就是大现实世界对事物的称呼。因为这一缘由，很有可能把隐喻性的语言理所当然地认为是翻译和白描式，所以，隐喻并没有带给人太多新的启发。如果朝着不好的地方想，隐喻甚至可能是完全错误或者有所偏颇的。但是事实上，隐喻表达法既有矛盾又十分合理，因为无法简单阐释这种方法，只有真正理解隐喻，才有可能翻译出隐喻或者替代隐喻。

综合以上观点能够发现，无论是替代论还是比较论，两者都不能揭示隐喻提供了不同的感知方法这样一个事实。而替代论和比较论只是简单的错误，把隐喻看成是一种物品，但是隐喻的希腊语源头表明，它其实是一个过程。隐喻不仅发挥着装饰性功能，而且隐喻的评估必须是直白式语言高于隐喻性语言的隐喻性语言基础之上才能进行。

2. 转换生成观

乔姆斯基认为，换种方式出现新的语法的隐喻观是这个学派基本的语言观，并且有必要对其进行相关概述。乔姆斯基继承了笛卡儿的唯物主义传统，认为语言只是简单的一组规则。所以乔姆斯基的语言模式所持观点认为，纯洁的非营运的语言才是合法研究对象。

不仅如此，持有乔姆斯基观点的学者们认为思想是由句子组成的，生成语法学专家提出能力和运用两个不同的观念，而且尽全力来研究前述两个方面。语言的实际应用不在调试的语言研究范围之内，此种局面造成转化成语言学派对隐喻的排外，他们认为隐喻不在于语法机制生成的合适语流机之内。乔姆斯基研究语言的目的非常多样，从不同角度，有着一定合理研究规范和准则来制定研究方式，因此也就造成这一学派对隐喻的不待见。但是由语言的真实性特点来看，形式化语言很难规范自然语言。生成学派和其他学派的一些学者经常凭空捏造或者自以为是地从文本中挑出一些没有依据的、不符合语法观念的、让专家无法认同的、一些没有来源的句例。

然而这些经验在事实面前是如此的不堪一击，这是非常令人感到遗憾的事情。乔姆斯基以及与他志同道合的学者没能正确理解语言是一组规则这一假设，相反用一种新的理论来代替原有的理论。卡茨曾在改变原有原则的情况下做出一番努力，企图用这种方式取代乔姆斯基和齐夫理论的缺陷，希望能转移大家对转移规则和能在构建时背离语法规则语句的错误现象，从而保证违反规则的语句不至于严重到产生荒谬字符的现象。这些尝试都是把出现偏差的表达方法看作是超出语法范围之外的某种不同语言现象，并且竭尽全力为这些违背常规的表达方法做出强人所难的解释，因而其相当于最初转换生成规则的某些寄生者生物一样。

乔姆斯基以及生成学派的众多学者仍坚持他们原来的想法，认为他们的语言观是正确的。也正是因为这样，在以后的二十年左右的时间里，他们一直是人们口中的讨论对象，之所以这些观点不被人们认可，可以把原因归结为这几个方面。

第一，与原意意思相反是相对于固定的意义而言的，这句话也可以理解为是根据字面意思理解出现的词，这样才能算得上是背离，因此可以得出结论。背离论的观点和前面文章中所提到的替代论的观点本质上是相同的，这两者都是以古典修辞学为基础且不断延伸的。

第二，隐喻不符合语言规则的观点，没有办法解释人们在日常生活下制造出语法规则句子的现象。如果直白性的句子能符合他们制定的语言规则，又能在交通时就能没有阻碍地交流，那他们不选取简单的方式来表达自己的思想是由人类大脑中与生俱来的能力（隐喻性思维的倾向性）所决定的。任何人的语言表达方式都有可能被认为是隐喻性的，科学家们也不例外。但这并不能代表这些人不具备语言表达手段，而是和其他手段比较起来，隐喻是最能够清晰简便地表达出其思想的方法。

第三，在当今时代，隐喻已经被广泛地认为是创造性语言运用的表达形式。假设隐喻真的和所谓的公知原则有所背离，语言学家不认同其理论。同时，持有乔姆斯基观点的理论将会受到沉重打击，这种观点认为，任何一个讲话的人在说出或者是理解新句子的时候是负有创造性的，而创造性必然会带来前所未有的事物，甚至可以说对如此普遍的隐喻现象选择。看见也不看见的样子，完全是因为自身没有足够的经验证据，自己凭空讲说，所以造成没有遵循科学规则，自顾自想造出来结论的现象。

所以，乔姆斯基一直坚持研究理想化的语言材料，而没有结合实际，单纯地将隐喻推向高峰。这种“只有理论不联系实际”的做法最终只能把人们引向错误的方向。

3. 隐喻的认知观

莱考夫和与他志同道合之人，以及布莱克和别的互动学派的学者们都一致认为，隐喻不是先前就存在的相似性，而是本身就具备相似性的特征。尽管这样，他们仍然对互动论敬而远之。现如今，学术界把这些方法划分为莱考夫学派，以下三点值得大家讨论。

首先，兰考夫和他的同仁认为直白的就不是隐喻。这一传统观念提出自己的质疑，转而把研究重点放在常规隐喻、呆板隐喻和死喻方面。他们指出，许多日常观念就是来源于隐喻组建，他们对隐喻的研究表明隐喻并不只是诗歌艺术、修辞语言之类的范畴，还有不可缺少的其他类型语言组成部分，无论这些影片是学术性还是非学术性的属性。所以隐喻对人们来说就是认知世界的重要途径，也是赖以生存的事物。

其次，莱考夫（Lakoff）等人对于隐喻研究的另一重大贡献，就是提出了“隐喻存在于思维”。这意味着隐喻并不只是语言表达上的问题，重要的是一种思维，具有独特的认识论功能。鉴于此，初看似乎是随意的隐喻实则并不随意。基于此，莱考夫（Lakoff）等人主张“隐喻作为一种现象，既涉及概念映射，也涉及具体的语言表达”。由于对于这个世界的观念与人们生长的文化环境息息相关，可以说莱考夫（Lakoff）的理论观点实质上是重申了五十年前本杰明·李·沃尔夫（Benjamin Lee Whorf）的思想，尽管沃尔夫（Whorf）在阐述语言相对论时并不是着眼于隐喻的讨论。

最后，在当时欧陆大陆普遍存在客观主义和主观主义思想的情况下，莱考夫并没有选择支持其中的任何一方。在莱考夫等人看来，完全客观无条件的绝对真相，这一想法是没有一点道理证明的不可能存在。在莱考夫等人的眼中，世界上万物都是不可能存在独立于人或其他生物所能感知的固有特性之外。同样，他们也不赞同浪漫派传统的做法。这种传统强调想象力是可以超越理性和客观的存在，而且完全不考虑科学对主观产生的作用，尤其是当科学涉及人类经验中那些对自身非常重要的一些方面。鉴于这个原因，莱考夫理论主要解决的问题是平衡客观主义与主观主义之间关系，这也刚好解释了莱考夫以及他志同道合的学者们为什么致力于区分客观相似性和经验相似性，以此来证明隐喻具有创造相似性的功能。他们认为世界上只存在一种相似性，那就是经验相似性。隐喻是把一个事物的概念转化为另一个事物的概念，从而使两者看起来有相似之处。换一种说法，就是隐喻的源头和目标之间创造出一些相似特征，这一点可以拿人脑计算机这一例子来证明。如果人脑与计算机之间确实存在着一定的相似性，那么即使不需要完全证明也能从研究发明中得到他们之间的相似存在特征。但是事实上并不是这样，对完全不了解计算机工作原理和大脑工作原理的人来说，人的大脑和计算机两者就是天差地别的存在，不可能把两者混为一谈。但是对了解人脑和计算机原理认知原理的科学家来说，却可以把他们归为一类进行讨论。因为人脑计算记忆和提取信息的工作方式与计算机十分相似，这一例子表明隐喻是凭经验用一种思想方法去理解另一种思维的思想方法。

三、国内隐喻研究综述

（一）国内隐喻研究的语料分析视角

语言理论的萌芽、成长和成熟与对具体语料及现象的剖析密切相关，研究语言理论一定少不了对语料的剖析，借助理论对语料进行分析有利于理论探究的进一步深化。

Collins Cobuild Harper Collins 出版公司出版的《隐喻》一书，讨论现代英语口语和书面语中最常用的隐喻。全书共 12 章，以自然现象、物质世界或人类生活的一个方面为基础列出 12 个专题，分别讨论与这些专题相关的隐喻的意义和用法。

意识到分析具体语料之于隐喻研究的重要性，国内学者们在对比英汉隐喻的语料分析研究上取得了不少成果。其中张全生对于隐喻的研究主要有以下三类。

1. 特定语言的隐喻现象的语料分析

特定语言主要有英、汉、俄三国语言，该分析可以使特定语言中的隐喻现象呈现出总体轮廓。

以汉语和德语为例，朱小安调查了亲属、交通、疾病、战争和气候五个领域来源的隐喻，以揭示隐喻和政治的相似之处以及两者之间的认知关系。同时站在认知语言学的角度，探究了不同语言中同样作为概念隐喻的政治隐喻有哪些相同和不同之处。高春雨通过对俄语语料的分析，围绕角色题元在动词隐喻语义衍生的历程中是如何表现和发挥作用的，以及其和语义结构两者之间所存在的联系，探究角色题元随动词语义衍生而发生的变化。

2. 具体词汇或词类的语料分析

这方面的研究主要是对英汉对比语料的分析，一般从四个方面进行，分别为时间隐喻、情感隐喻、身体隐喻和空间隐喻。

原始人类最初认知世界的方式是使用身体在客观物质世界进行投射，也就是人怎样认知自己的身体，就采用怎样的方法认知客观世界。陈家旭研究分析了英汉两种语言中的人体隐喻有哪些异同及其产生的原因，主要包括人体隐喻认知的工作机理和特征、人体隐喻认知在两种语言中的投射方式和优势分布等方面。英汉语言中，高频使用的视觉动词词义演变体现出一定的概念隐喻。吴新民通过对其进行对比分析，提出该演变过程不仅由视觉向心域进行隐喻投射，还通过视觉域投射到社会关系、生理知觉、外部世界等认知域。廖艳平对比分析了“Head”（头）一词在英汉语言中的隐喻含义，通过相关概念的产生，呈现出丰富多样的语言现象。另外，董召锋和徐雪梅还研究了“颜色认知原型”，以人类视觉知觉、生活环境和社会文化背景几个角度出发，深入探究了两种语言中颜色词汇形成的隐喻。

作为人类生命历程中不可或缺的体验，情感与认知心理的变化是相辅相成的。所以，情感隐喻是深受语言学者关注的重点对象。近些年，学者周红、林书武、张辉等人关于英汉语中情感概念隐喻的对比研究，主要关注两种语言情感隐喻的相同与不同、“愤怒”和“爱情”概念隐喻的对比等方面。

在人类认知世界的过程中，空间隐喻不仅有着举足轻重的作用，同时不同语言下的空间隐喻可以对比研究，这些年来有越来越多的相关研究成果。当前对这一课题有显著成果的事王瑞东和吴静，吴静主要从汉语中“上下”所表示的空间关系出发，围绕“地位、时间、状态、数量、范围”五方面，将表意功能或概念相对应的英语空间结构与其做对比。岳好平、莫友元和罗文翠深入探究“上下”这一空间隐喻词语，展现空间隐喻现象包含的身体状况显示、社会地位显示、数量表达、情感表达四个隐喻认知功能。黄芳通过考察研究“里”“内”“中”三个方位标，指出外在影响因素是语体和文体，内在影响因素则是与人类语言表达息息相关的认知心理。

利用人们了解的非时间概念在时间概念进行投射，这类隐喻是时间隐喻。英汉语中的时间隐喻因为两种语言文化的不同而有所差异。陈家旭将对比分析两种语言中的时间在空间、结构和本体的不同隐喻认知方式。张丽辉围绕词汇、“自我在动”和“时间在动”的隐喻系统等方面，研究了时间的空间隐喻以及其在英汉语中的普适性。

3. 结合具体语言实践的语料分析

通过隐喻理论在语言中的实际运用，可以实现理论研究与应用语言学相互融合。丁展平与庞继贤肯定了英语中的隐喻研究对于整体研究方向的价值贡献，这类研究涵盖文学批评中对于隐喻理论的实际运用等多个方面。隐喻也被称为“微型诗歌”，其与诗歌有着同一渊源。显然，诗歌和其他文学形式的异同及理解方式，可以用隐喻相关的语义特点、功能及工作机制等理论来解释。蓝纯的《认知语言学与隐喻研究》第七章，就探讨了英汉语诗歌中的比喻和借代。

通过隐喻理论在语言中的实际运用，实现理论研究与应用语言学相互融合。这类研究主要包括对经贸商务、报刊政论、日常对话等语篇中的隐喻现象加以运用分析等。欧阳玲珑通过对实际案例的分析，阐述了广告英语中使用的排比、双关、拟人等修辞手法的特征。杨林借助系统功能语言学中的相关理论，对新闻英语中体现的文体特点进行了探究。

在语言教学特别是第二语言教学中，隐喻理论也得到了广泛应用。其探讨的内容主要是词汇教学及其过程中学生语言能力培养、文化导入等问题。刘振前和时小英根据对隐喻文化和认知特征语言学、心理语言学、科学等方面的研究，指出作为一种语言现象和文化现象，对隐喻的理解需要深入准确地认识和掌握目的语文化。王守元和刘振前提出以隐喻为工具，有利于外语教育的文化教学。王寅和李弘基提出的当代隐喻认知理论，突出了隐喻、语言、交际三种能力并驾齐驱的重要性，三种能力合而为一构成语言运用的基础能力，可以开展思路、创新思维。周红辉以认知角度为出发点研究隐喻及其对于教学的意义，主要探讨使用概念隐喻的思维方式，可以培养学生在英语学习中认知世界，同时提高词汇、语用和跨文化交际能力。朱炜依据认知原型范畴理论，探索了崭新的英语词汇教学理念，指出基本范畴词的学习、多义词的讲解以及转喻、隐喻的认知是词汇教学中需要重视的部分，有利于学生学习兴趣的提高、课堂氛围的改善和教学质量的提升。魏静通过研究各种“死”的隐喻，提出其不仅对于了解语言文化中认知思维特点有所帮助，还有利于对该部分词汇的高效理解和运用，从而让语言水平突破新的台阶。王山珍基于认知隐喻理论机制的论述，提议在EFL词汇教学中引进隐喻理论，引导学生借助隐喻的认知功能学习词汇，培养学生更加主动与科学地学习语言，进而提升教学效率。王素娟根据学习者认知语言过程中的普遍规律，试图以隐喻认知功能为基础，利用隐喻更加行之有效地展开文化教学。

语言翻译也经常需要借助隐喻理论，一是用来研究隐喻在具体语言中如何翻译；二是用来讨论其在语言翻译中的作用和意义。例如谢之君借助隐喻理论探究了翻译思维，及其对于深刻理解认知翻译的过程、理论、方法等所具有的重要作用，从新的视角研究翻译思维。朱波分析了隐喻辞格与隐喻思维的差异，突出说明了认知过程中隐喻思维的重要意义，同时对其在翻译过程中的理论依据和应用进行分析。王斌根据翻译和意义的概念，通过对客观和主观、隐喻和对等及交织彼此之间的联系的研究，指出隐喻理论在传统翻译中受到的制约，同时利用认知结构解决其中的问题和冲突。陈道明根据体验注意理论，将进行翻译研究的多个派别联系到一起，使各类翻译标准互为补充，同时借助概念映射和整合理论知识，详细解读翻译的过程，给予翻译研究新的启发，展现翻译的本质、文本类型、可译程度等。何伟和张娇基于韩礼德的概念隐喻，围绕翻译中的形合与意合，研究对英语古诗词翻译过程中遇到的问题，并指出对于意合转向形合的过程中出现的问题，如模糊性、紧缩句、无主句等，可利用概念隐喻进行解析。

除了上述内容，隐喻的运用还有许多。目前，多个学科诸如哲学、认知科学、心理学、文学批评等的研究对象中均包含了隐喻，隐喻研究已逐渐演变为一门跨学科学问。

（二）国内隐喻研究现状分析

我国国内在西方隐喻理论课题研究的基础上取得了一定的成果和突破，但与此同时，以下方面也暴露了研究目前存在的缺陷。

1. 隐喻理论的研究处于零散状态

追根溯源，诸如“合成空间理论”“概念隐喻理论”“语法隐喻理论”“比较论”“替代论”“互动论”等隐喻理论形成的研究已有许多，这些理论的主要观点及彼此之间的关系和差异也得到了大量探讨。但是，这些研究都相对独立，虽不矛盾但也没有得到有效的结合利用。某种程度来说，这些理论都揭示了隐喻的一些特征，结合统一之后将会有利于更完整地认知隐喻这一特殊的语言现象。

2. 汉语的隐喻能力尚待挖掘

中国历史文化源远流长，汉语言因此孕育除了大量的隐喻语料。四字成语、歇后语、古诗词等皆是其他语言中没有的隐喻表达，它们深刻影响了汉语言的表达能力，是中国文化的启蒙，值得深入探究，不仅应对西方的隐喻理论成果加以研究，还应多挖掘中国传统文化学术中关于隐喻的相关论述。在现代理论中加入相关研究成果的应用，有机会激发出新的隐喻理论，这将为世界性的隐喻课题研究注入新的血液与活力。

3. 外语界与汉语界的学者须携手共进

目前对于汉语语料资源的开采还远远不够。国内主要是外语界的学者在进行隐喻研究，其产出的成果集中在外语学刊，类似《修辞学习》这种汉语学刊数量极少。汉语界参与学者的匮乏，使得汉语隐喻的课题研究难以深入。因此要想在中国深入展开隐喻研究，就需要中外语言界学者携手合作，共同开启与中国国情相符的隐喻研究新篇章。

4. 隐喻理论的实际运用范围尚待拓宽

作为已被学界接受的认知方式，隐喻的研究已在诸如哲学、语言学、认知科学、文学批评、心理学等多个领域得到开展，然而大部分仍只是对理论联系与区别的研究。理论的重要性只有在其与实际应用和发展相结合后才能得到凸显，拥有真正的实际价值。这是未来隐喻研究正确方向。

将各成一派的研究理论成果与实际应用进行汇总整合，也是隐喻理论应用的拓展途径之一。例如，目前在英语教学中，隐喻理论只在分散的不同方面得到应用，如词汇教学、文化教学等，这些只是考察单项语言技能，并讨论隐喻对其形成的积极作用。但是目前仍没有一部有指导意义的系统性著作去说明怎样在英语教学中有效引进隐喻理论，怎样实际提高学生的隐喻能力及各类英语语言能力、交际能力。因此，英语教学中关于隐喻的前沿理论少之又少，对于学生隐喻思维和能力的培养更是难上加难。

第二节 认知语言学视角下的隐喻观

一、传统隐喻观与认知隐喻观的对比

（一）传统隐喻观

人们的身体本身和想法思考之间有着不可分割的关系，这一关系是显而易见的，但却从未被人类本身所重视，反而一直将这一关系故意忽视。亚里士多德有过一个观点——隐喻。人们对于隐喻的理解是客观存在的事实，无法通过人的干预所改变，是两个真实存在的事或物相互作用的结果，然而人类并不在这一个过程当中。人类不在这一过程当中，所以专属于人类的思维这一个环节就显然不在这一过程中。并且通常，对于隐喻这一想法观点，人们大多数认为在文学创作时

才存在，但是对于不是文学领域的隐喻，就没什么了解，更谈不上重视。莱考夫（Lakoff）和约翰逊（Johnson）是这样总结传统理论的：

（1）Metaphor is for most people a device of poetic imagination and the rhetorical flourisha matter of extraordinary rather than ordinary language.

对大多数人来说，隐喻是一种诗意想象的手段，而修辞的繁荣则是一种非同寻常的语言，而不是普通的语言。

（2）Metaphor is typically viewed as characteristic of language alone，a matter of words rather than thought or action.

隐喻通常被认为是语言的特征，是一种语言，而不是思想或行动的问题。

上文中可以看到，在以前，人们都觉得是隐喻是一些有文化、有文学气氛的圈子里才有的东西。学者们所重视的、所关注的是文学作品中的隐喻，而不是日常生活中的、人们挂在嘴边的隐喻。文学领域之外的一些范围里面，隐喻始终没有作为一个重要点被学者们所关注。

为什么会出现这样一种现象呢？隐喻在日常生活中如此显而易见，却没有被人们所重视起来，反而被忽视。其原因在于隐喻这一个说法被提出之时，就筛去人类的思想和想法在这一环节中的参与性，而将隐喻作为客观存在事物之间的比较。

在传统观念看来，隐喻就是脱离人思维而存在，它是客观事物的反应，是客观现实的反应。比如人们表达时，可以选择用这个词汇，也可以用那个词汇，并不是非他不可，也有很多其他选择。但是站在隐喻的角度出发，人们选择某个词汇来表达，是因为现实所展现出的、所反应的就是这一词汇本身，而不是像人们说的，是人们选择了这一词汇，而是现实反应的就是这一词汇。

某种程度上来说，可以将隐喻理解为是另一种形式的表达方法，只是一种语言表达而已，是工具，而不是思想。

（二）认知隐喻观的基础

在讨论认知隐喻观和翻译前，有必要先了解支撑认知隐喻观的基础，否则无法展开有关翻译的讨论。

在没有语言的时代，人们用身体或者其他东西来表达自己的想法，传达自己的意思。有了语言之后，人们就可以轻易地通过语言来表达自己，进行交流。语言是人们日常生活中最普遍也最有效的交流工具，但是世间存在多种多样的事物，甚至面对不同事物时，单纯的语言也会显得很匮乏。人们在生活中有着自己的生活经验，当遇到一些熟悉的事情时，依据人们以往的经验和习惯，很快就会有自己的判断，人们也可以将这种判断看作是一种非隐喻概念。然而这些现象，人们都可以用熟悉的语言来表达，很显然，它与人类的思想和感情有着很大关系。

人们可以从一些具体的事件中体会上述观点概念。相恋多年却始终没有步入婚姻殿堂，是一个相当漫长的过程；一个企业的经营者不在团体当中，反而只坚持自己的想法和判断；失意了之后，觉得心里沉闷然后就去寻求他人安慰。这些一件又一件的事情，都不是平面化的事物，其都是人类情感活动的变化，人们无法将瞬息万变的情感通过具体的语言表达出来。人们选取一些其他方式来抒发自己的情感，缓解自己内心的情绪，就像是上楼梯的扶手，人们扶着把手往上前进。谈恋爱迷茫时，或许就应该结婚；公司不是一个人能够运作的，就要寻求大家的意见，他人的建议等。这些通通都是把手，是人们往上走的把手❶。

通过上文可以看出，当人们面对一些让自己烦闷、恐慌、不可预知的事物时，通常会将这些问题转化成为一些自己了解的事物和语言，然后再想办法去解决它。当遇到一些抽象化的语言或者事物时，就选取一些其他更具体的事物，来对这一抽象化事物做出更进一步解释。可以将这些具体化的、人们所熟悉的事物和语言，通通理解为是一个个把手，让人们更好地认识事物的一个个把手。

人们对隐喻的使用，并不需要一些后天学习的其他辅助东西。比如一些文学性的语言、一些修饰性较强的语言等才能发挥出隐喻的作用。以往人们认为，在文章中使用一些修辞手段，将其在文章中运用自如，是一种了不起的手段。但是通过上文可以看出，不仅仅是文章当中，日常生活当中，隐喻随处可见。

这种先天的能力给人们的生活增添许多色彩，让人们的语言不再显得贫瘠和匮乏，而是丰富了许多，形象了许多。人们通过隐喻这一手段，来对自己的情感有更深入或者是更全面的分担，就如上文所说的“把手”，是一个手段。人们对于人生可以有很多种理解，有的人把人生比作舞台，有的人把人生比作一张白纸、一幅画，也可以说人生是一场梦，人生的众多抽象概念都是一个个隐喻，是人生不同角度的理解。把人生比作一个舞台，是人生就像一个展现自己的舞台，人们可以尽情地在舞台上表演自己；把人生比作一场梦，梦是短暂的，是会醒来的，正如人生，终有一天会走到尽头，最后所经历的一切，就像是一场梦，还是会散去；人生是一张纸，所有人来到这个世界上最初都是没有书写过的一张白纸，纸上的图画和色彩都要由自己去涂抹，去绘画，由自己书写。隐喻是没有具体意思的，隐喻是可以由人们自己去理解的，它没有标准答案，不同的人对于一句话会有不同解释，这就是隐喻。在隐喻的作用下，这个世界逐渐变得多彩、丰富，很多事情和事物才有了自己的颜色。隐喻和公式等逻辑性语言最不同的就在于，逻辑性语言是静止的，是没有变化的，而隐喻是动态的，是多变的，是丰富的，是有许多含义的。隐喻像是一个活力四射的阳光男孩，充满激情，活泼。一

❶ 吴海英. 英汉数字隐喻的文化认知［M］. 广州：世界图书出版广东有限公司，2016.

千个人就有一千个哈姆雷特，就是对隐喻最好的解释。人们往往说自己理解了，但是真的只有一个理解吗？真的就到头了吗？有尽头吗？所想和说话人的想法就会一致吗？

由上述例子可以了解，隐喻通常出现在抽象概念里，而抽象概念又更多地出现在人的思考、人的情感、人的感受之中，就是因为人是主观感受绝对强的动物，人类的认知行为是通过人体感受来感触、来进一步学习的。通常将上文所说的“把手”建立在人的感受上。人们通过这些“把手”来表述内心感受和情感，其是传达内心想法的媒介。在学者眼中，这种行为称为是研究体验性，就是探索人体和心智之间关系的性质、过程，其也是隐喻研究的基础。在这一条件下，才能进一步开展下面的工作。

（三）认知隐喻理观的特征

研究表明，隐喻不是传统理解那样，只存在于文学创作当中，相反的是，隐喻在日常生活中随处可见。在普通的写作和表达当中，隐喻也没有那么高的门槛，人们对于隐喻这一行为也是信手拈来，在人们的谈话和协作过程当中，隐喻也可以不断地跳出来。

隐喻有一个先决条件，就是用来隐喻的两个事物，一定要有相同之处，不能够是两个毫无关联的事物。而这些相似性，又通常是根据人们在日常生活中的经验，判断两个事物是否存在相似之处，从而很自然地将两个事物联系起来。比如“I am really low these days”，“low”本来是一个方位词，但这里用来表达一个人情绪低落，其就是很抽象的比喻，将一个人的心情起伏用方位词来表述。人们进行隐喻表达时，多数情况下是无意识的，而不是刻意想要使用隐喻行为，然后苦苦思考，寻找可以用来隐喻的事物。隐喻是人们在长期的生活中，很自然便产生的行为，人们有着很多体验性经验，就会很自然地用这种经历来表达自己脑海中的抽象性想法。由此可见，隐喻这一手段，在日常生活中的应用可以说是十分广泛。对于语言学家来说，生活中随处可见隐喻行为，隐喻是在下意识状态之下进行，人们没有苦思冥想，没有刻意，而是很自然地就冒出来隐喻的想法和行为。

由此可见，隐喻不是一个神奇的行为，也不是一个独特的行为，它是很普通的语言方式，是人们用来表达的手段。并且隐喻不仅仅是语言，还是思维。这些想法推翻了人们以往对隐喻的认知，人们需要对隐喻有一个新的、更全面的了解，隐喻绝不是传统看来的那样。

（四）翻译教学的隐喻新视角分析

翻译最初是逐字逐句将文字转换为目标语言，到后来不断地引入除去文本以外的因素，最后直接演变为脱离文本而存在。其是从微观到宏观，由小到大的演变过程，可以反映出人们对翻译的观点不断加深、视野逐渐扩大，不再拘泥于一字一句，对翻译活动的理解逐渐深入，也推动了翻译实践活动的进步。最初，人们翻译文本，从语言学的角度来看待翻译，首先是字、词、句；对字、词、句进行翻译之后，又发展到篇幅较长的文本句子，人们企图从语言学的角度处理翻译问题。但实践过后，人们发现单单以文本为基础的翻译内容太过狭隘，在翻译过程中会出现许多不能解决的问题。于是在需求的推动下，人们开始重新思考，认为是否应该跳出文本开展翻译工作，通过更加宏观、更加深刻的角度思考翻译，多引入一些除文本之外的因素，比如社会环境和人文环境等。这些因素的引入是为了扩大视野，将原文作者的生活环境和社会因素考虑进去，译者就能更好地传达作者想要表达的情感和想法。翻译不仅仅是对文本的翻译，更多的是文化传递，是将一种文化转换为目标语言，让更多人了解它，于是就有了文化翻译的出现，这种翻译已经与文本的关系甚微，或多或少都会影响到翻译的实践活动。

通过以上的描述发现，翻译的视野和思考虽然越来越广泛，但由于翻译抛弃了文本，所以翻译中的具体文本内容离人们越来越远。这一现象的出现为翻译的实践活动造成了一定程度上的冲击。学生在翻译时的准确性越来越低，甚至由于文化翻译观点的存在，学生在进行翻译活动时，会被这些想法影响，不能及时做出正确的选择。然而事物总是有利弊的，准确性的降低并不代表宏观翻译理论是错误的，老师在教育学生的过程中，应该多多关注学生的学习情况，而不是填鸭式教学。甚至有时理论和实践是两样相互独立的事物，他们之间的存在只能各自发光发热，而不应该具体指导其中一种教学。

隐喻可以将人们地视野再度拉回到文本当中，在心理学范畴内，对于隐喻的探索和研究更大程度上在于隐喻的抽象性和人类的思维活动同隐喻之间的关系。与心理学不同的是，在认知语言方面，就更加关注隐喻的概念和表述之间的关系。而这一现象在翻译这一行为上就可以体现为“翻译文化”“翻译环境”。对于语言学来说，就是翻译字句，将注意力集中在文本上，就是认知语言中的翻译。而在隐喻的协助下，有了隐喻的理解，就可以从多方面对事物产生认知，仅仅从认知性语言来进行翻译当然是完全不够的，那只能够让人体会到浅显的意思，而并不能够体会到所表达的情感和内容。

二、隐喻的运用

（一）隐喻的体验、动因和映射

隐喻学中有几个术语，其中最重要的一个就是“Grounding”这个词。认知隐喻理论认为，人的认知结构来源于感觉和动作。人们每天都会在语言中使用隐喻表达手法，但只是隐喻在语言层面的表现，与此不同的是，概念隐喻建立在人的经验之上。经验来源可能非常普通，比如从视觉触觉、人体对温度的感知等。

但是概念隐喻也并不是看上去那么简单，它也存在一定的复杂性，比如文化经验。感觉运动的经验最为普遍，超越文化，但是这一文化经验具有一定限制。假如，对一个从来没有见过舞台的人来说，人生是一个舞台，这个隐喻对于这个人个体来说并没有什么影响，但是行为个体却可以明显地感受到冷热之间的差别。简单来说，抽象是没有实质性具体概念的东西，只有能感知到的具体事物才能感知其变化。

简单地把隐喻分成由人类感觉或动作诱发和由文化属性的事物而引起，这一想法看起来并不是十分完善，主要是很难在身体和文化之间做出明显的区分。但是为了方便起见，暂时接受认知隐喻和翻译实践关系间的粗浅联系。“站立”这一动作更加具有人体属性，而“参加升旗仪式”此类只有人类才有的行为方式，用来显示其特有的文化属性，所以两者之间的区别还是很明显。事实上，人们在日常生活中经常使用，比如，看到一个身材非常显瘦的人，就会说那个人真是根竹竿，这时竹竿和人类之间就存在一定的相似特征，并由此引发隐喻，或者说竹竿成为隐喻的起因和理据。没有见过竹子的人就很难理解这一表达，所以隐喻的表达具有很强的局限性，它对思考人有较高的要求，如果没有达到要求，就会增加一定的思考难度。不同文化属性下的事情有不同的含义，对翻译来说就很有挑战和意义。

但是有些隐喻的形成动因和文化环境没有太大关系。反之，它们被触动的动因和人的感官生理有关。认知隐喻研究领域经常拿愤怒和体温的关系作为例子。研究表明，人在愤怒时，越愤怒体温越高，反之则越低，所以就有“Angerisahot-fluid”这一概念隐喻。基于这一概念，隐喻就会产生形成更多语言隐喻。比如“hot-tempered”“Boiling with Rage”等语言隐喻都是基于上述概念隐喻。同人体感官有关的隐喻是基本隐喻，这一类隐喻对人的理解能力要求不高，所以不存在太多的障碍因素，因为它和人的生理活动息息相关。和文化没有关系，即使跨文化表达，也时常会保留隐喻的特征，比如热暴脾气、气得热血沸腾等。假如说诱发人使用擂台竹竿的经验，仅有部分的普遍性特征，那么又发热暴脾气，气得热血沸腾这类隐喻的经验，就相对传播更加广泛。

除此之外，隐喻除了在普遍性方面存在差别，还有另一个区别。文化隐喻的能力需要通过学习来获得，但是使用基本隐喻的能力却是非常容易获得，因为两者一个需要依赖人的主观意识，而另一个则只需要人们下意识地选择。下意识使用的隐喻也不是使用者故意使用，不能构成作者写作的特征，因此不在翻译时过多关注。但是如果作者为了反映自己的意图，刻意使用隐喻，而没有使用其他隐喻，那么这种选择在翻译时就要尤为重视。

对于概念隐喻和语言隐喻之间的关系，值得深度探讨。事物和事物的接触需要一定的媒介存在，而在人和思想之间，这一媒介就是概念。人们可以对概念进行选择，可以选择非隐喻的事物进行表述，其是一种体验感受较强的表达，如果经历能加深理解。而对抽象事物的表达和描述则更多选取隐喻表达。如果想把抽象的思想使用隐喻的形式见诸文字，就必须通过概念了解抽象的思想，并且将这种思想隐喻化，再把它表达成语言隐喻。认知语言学专家描写这一过程时使用了专业术语，即源域、目标域和映射。通常在隐喻表达时，会选取一个常见的隐喻表达来表达另一个隐喻概念，比如想要表达一个人正值壮年，那么就会采用人如初升的太阳此类表达方法。当人这么表达时，人的思维方式就存在概念隐喻。在这一概念中，人们要表达的“Life”是抽象的，也可以叫作“Target Domain”，可以把它理解为目标域，而“Day”则属于概念。人们之前说过的把手，叫作源域，这都是人们非常熟悉的概念。通过这种方式来了解抽象的、不熟悉的概念，利用源域和目标域之间的关系，人们就能更加容易地理解具体的熟悉的概念隐喻。

（二）非隐喻语言的运用

如果试图让一个从未接触过相关语言理论知识的人快速接受隐喻是广泛存在的这一观点，是十分困难的。假如当老师学生说“He is in trouble”，这句话中就含有隐喻，学生会私下讨论老师不擅长解释隐喻，因为这句话中并不含有隐喻。依据传统隐喻理论看来，认知隐喻理论扩大了原来的隐喻范围，所以“in trouble”不是隐喻。人们在日常沟通中会有非隐喻的表达方式，但是真实想表达的，并不是含有隐喻的意思，只不过是单纯的字面上看来有隐喻的趋向。

当为别人指路时，存在鲜明的指向性，这些所表达的含义都十分浅显，没有什么深刻的内涵，也就不存隐喻，比如“妈妈：‘把酱油递过来’”，这里所要表述的就是简简单单的递酱油。包括看病时，医生让患者弯腰低头说的也都只是字面意思。这些都是在日常生活中发生的、但是没有深刻的隐喻意味。

通过以上例子不难看出，认识和理解隐喻，在很大程度上需要依靠人体的感官。上文中所描述的事情都是客观存在的，如果不借助隐喻的想法思考抽象的表述是十分困难的。如果可以避免使用隐喻，生活和思考方式将会过得很辛苦，表达一些简单的基础概念没有问题，但是出现复杂概念时一定要使用隐喻。

认知语言学家承认非隐喻的存在。在他们看来，非隐喻概念存在的空间并不像原来想象得那么广泛，而是十分有限。人们往往没有意识到这一点，因为受到传统理论的影响。一些原本认为并不是非隐喻的概念，现在仔细一想，都属于隐喻。简单来说，那些不通过隐喻概念理解的概念就是非隐喻概念，但是如果人们只想单纯地生活在物质生活中，他们可以不使用隐喻。如果想去讨论那些抽象的情感和概念，不借用概念隐喻的话，就会十分无力。人类生活中隐喻无处不在，隐喻、思维和语言都是赖以生存的媒介，适用于文学艺术和科学技术。

隐喻不单是语言的，更是概念的。除此之外，几乎所有话语和文本都充满隐喻，它不仅存在于文学艺术中，也存在于那些逻辑思维严密的科学技术、法律经济范畴。

第三节　跨文化视角下的隐喻观

一、隐喻的跨文化特征

隐喻存在于语言和思维之中。换言之，人们既借隐喻说话，也用隐喻思考。人们之间诸多相同的体验使得大家在隐喻思维模式上实现共享。例如，一个男孩在成长中渐渐意识到，当一个人情绪低迷时，体位时常朝下，高兴时则朝上。这一认知潜移默化地进入到其深层思维，其下意识地形成了“Happy is up and sad is down”的概念隐喻，在之后的成长中就会使用这一概念隐喻来进行日常事件表达，说出“情绪低落”“热情高涨”等话语。与这个男孩一同长大的妹妹，也因为和他相同的体验经历而具有一样的隐喻体验基础，基于这一共享的基础，妹妹就能马上明白哥哥说出的“我今天情绪低落”。在单一文化中，上述假设得到了心理学证实。但延伸到所有文化中，这种共享是否也能存在，或者说所有文化中的人们是否可以共享对世界理解的体验，这本质上是对隐喻的普遍性和跨文化性的探讨。调查世界上全部语言来证实这一观点显然难度较大，但是通过对有限语种的对比研究，至少也可以相对性地对隐喻的普遍性和跨文化性加以证实。不过，就算同为概念隐喻也可能会具有不同程度的跨文化亲和能力，因此应先对不同隐喻加以分类，再探讨其跨文化性。

二、基本隐喻与复合隐喻

类似“Happy is up and sad is down”，这一概念隐喻具有最强的跨文化亲和力，在其他文化中拥有“知音”的可能性最大。人们从童年起，在日常的衣食住行中和环境发生互动，潜移默化地影响着人们的感知，人们对于世界的认知模型逐渐建立，在这一过程中，隐喻具有不可忽视的作用。隐喻的形成主要依靠主观经验判断和感觉或动作经历两方面，通常来说因为两者本身难以独立区分，所以混合在一起。例如，“These colors are similar”不是隐喻，但是却可以通过其理解出“These colors are close”，就是因为“Similarity is proximity”这一概念隐喻。同样，“He achieved his purpose”并非隐喻，而“He got what he wanted most”就是隐喻。由此可见，主观性经验判断很难同概念隐喻彻底区分开。这种隐喻概念的建立依托于基础感知及运动，因此通常被叫作基本隐喻（Primary Metaphor）。也正因为该种隐喻的形成基础普遍存在，也就是说不同文化中的人们有共享这一隐喻概念的可能性，隐喻跨文化性也如以下隐喻都可叫作基本隐喻一样具有可能性：

（1） More is up（Prices are high/价格是高的）。

（2） Intimacy is closeness（He is my close friend/他是我的好朋友）。

（3） Knowing is seeing（I see your point/我明白你的意思）。

（4） Understanding is grasping（I failed to grasp your point/我没能理解你的意思）。

（5） Affection is warmth（They greeted me warmly/他们热情地向我打招呼）。

（6） Events are motions（What's going on here?/这是怎么回事?）。

（7） Purposes are destinations(They have reached their goal/他们已经达到了目标)。

（8） Difficulties are impediments（Let's try to get around this problem/让我们试着解决这个问题）。

这类基本隐喻概念在不同文化下的人们思维中也一定是存在的。除了这类最能激发不同文化间共鸣的基本隐喻，还存在一些虽然比较复杂但同时也很“基本”的隐喻。这些隐喻依靠多个而非单个的基本概念隐喻而形成。复合隐喻“A purposeful life is a journey”由“Purposes are destination”以及“Actions are motions”两个基本隐喻共同构成。基本概念隐喻的理解难度并不大，日常生活中，人们可以认识到“目的即目标”，也有过“行动即运动”这一经历。但是当理解“人们应该朝着目的地行动，人生该有目的地”时，该内容就糅合了文化价值。也就是说，该概念隐喻有价值指向。从以上的分析中可以得出，类似“A purposeful life is a journey”由两个基本隐喻组合而成的隐喻，通常叫作复合隐喻(Complex Metaphor)。另外，由于这种概念隐喻不止以基本感知及运动为基础，因此在不同文化中不如基本隐喻那样易被接受，但其基础也还是一些诸如容器、行程、建筑物、火等熟悉的事件或事物，因此通常情况下不会产生较大的跨文化阻碍。可以把基本隐喻看成是“原子”，那么复合隐喻则是多个原子聚集而形成的“分子”，下面是一些复合隐喻的例子：

（1） A theory is a building（That is a foundation for this theory).
理论就是建筑（这是这个理论的基础）。

（2） Anger is a hot fluid in a container（I could not contain my rage).
愤怒是容器里的热液体（我无法控制我的愤怒）。

（3） Love is a journey（Our love is at a crossroads).
爱是一段旅程（我们的爱正处在十字路口）。

（4） Anger is fire（He is smoldering with fire).
愤怒是火（他被火烧着）。

基本隐喻虽然跨文化能力强，但其太过基础而难以反映复杂的生活体验和经历，因此在人们的思维语言中，复合隐喻所占据的比重更大，其所蕴含的文化价值也使其更显重要。

三、映射、蕴涵与混合

映射（Mappings）就是将源域投射到目标域上。以下用最常引用的概念隐喻“Life is a journey”来说明映射：

（1）He's without direction in life.（他没有人生的方向）

（2）I'm where I want to be in life.（我是我生命中想去的地方）

（3）I'm at a crossroads in my life.（我正处在人生的十字路口）

（4）She'll go places in life.（她会去生活的各个角落）

（5）He's never let anyone get in his way.（他从不让任何人进入他的领域）

（6）She's gone through a lot in life.（她一生经历了很多）

在这六个含隐喻的句子中，抽象的一方是“life”，也就是目标域，具体的一方是“journey”，即源域，而源域的具体内容在人们理解时都映射到目标域上，具体映射如下：

（1）“travelers”映射“people leading a life”；

（2）“motion along the way”映射“leading a life”；

（3）“destination(s) of the journey”映射“purpose(s) of life”；

（4）“obstacles along the way”映射“difficulties in life”；

（5）“different paths to one's destination(s)”映射“different means of achieving one's purpose(s)”；

（6）“distance covered along the way”映射“progress made in life”；

（7）“locations along the way”映射“stages in life”；

（8）“guides along the way”映射“helpers or counselors in life”。

以上 8 个映射一般叫作跨域映射（Cross-domain Mappings）。映射的内容是生活中常见的经验，因此人们对此非常熟悉。“Life is a journey”虽然是复合隐喻，但是其文化特性较弱，因此基于这一隐喻概念的语言隐喻依然具有跨文化性。不同文化下的人在生活中都能接触和体验到这些映射内容，因此其在文化过程中几乎没有阻碍。但还有些映射的形成是由于某些临时性目的，这类隐喻通过结合源域与目标域来构建一个新的概念或思维空间（Concepturl or Mental Space），此种构建是实时性、临时性的（Real Time and Online），因而具有不稳定性，在跨文化中也就有一定的可能不被接受，常见的例子是“This surgeon is a butcher”。总而言之，映射内容在人们生活中长期存在乃至已成为其中一部分，基于这类概念隐喻而触发的语言隐喻，更容易在跨文化中被接受；反之，临时促成的映射，尤其是涉及两个映射域之外的四维空间，基于这类概念隐喻触发语言隐喻则可能在跨文化中受到阻碍。

源域向目标域映射的过程中，超出基本成分的追加成分映射，被称为蕴涵（Entailment）。对基本和追加（Basic and Additional）加以区分是认识蕴涵的核心。一个抽象概念通常被认为有不同的多个方面，因此可通过不同的隐喻对这些方面进行思考和表达。依据需要选择某个方面进行表达，例如选择“This love is quite expensive”，本质上是选择了概念隐喻“Love is an economic exchange”。

术语混合（Blending）来源于概念混合理论（Conceptual Blending Theory）。前文提到的映射和蕴涵虽有所不同，但其属于概念隐喻理论（CMT）。CMT 有以下特点：首先 CMT 以源域和目标域作为基本支撑，在两者之间进行理论核心概念映射与蕴涵的展开；其次，CMT 认为隐喻的形成是由具体向抽象的过程，这一过程不可逆，人们也称此为单由原则（Unidirectionality），不过后来人们发现情况也不一定都是如此。有些隐喻的具体成分在源域与目标域之间并不对称，比如用“This surgeon is a butcher”来形容一个医术平平的外科医生，而外科医生与屠夫之间存在对称内容成分，如：

（1）“butcher”映射“surgeon”；

（2）“animal”映射“human being”；

（3）“commodity”映射“patient”；

（4）“cleaver”映射“scalpel”；

（5）“abattoir”映射“operating room”；

（6）“cutting meat”映射“cutting flesh”。

CMT 就是如上述内容般描写映射的，但是隐喻中外科医生无能这一关键点并未在以上描写中体现出来。虽然屠夫的学历没有外科医生高，但是不能用无能作为其特征，从而也就不能将这一点由屠夫映射到外科医生。因此，这一隐喻无法用 CMT 两域映射理论来解释，于是概念混合理论应运而生。

严格意义上讲，概念混合理论的出现并不只是为了解释隐喻。人们的生活中常会涉及假设、幻想这类与事实相悖的思维方式，于是人们就在思维中形成一个“悬”着的空间，用以构建违反事实的概念。这个存在于思维中的混合想象空间一般被称为“Blended Space”。混合理论与 CMT 最重要的不同在于其在源域和目标域之外多了一个混合空间。

CMT 中，映射一般和人体感知系统基础上形成的隐喻概念相关，因此这些隐喻是逐渐形成认知基础的。其在语言文化系统中长期存在，不易在跨文化中受到阻碍。而需要混合理论来解释的隐喻通常都是临时促成的，往往较为具体和详细，其在文化中沉淀的时间并不长，不是语言文化系统中的一部分，很大程度上是作者本人创造而成。因此理论上，其在跨文化中更有可能受到阻碍，所以这类隐喻可能会对翻译研究有更重要的意义。

四、多个源域、单个源域对应目标域

（一）多个源域对应单个目标域

目标域中的一个抽象的概念可以有不同的方面。其实任何一个抽象概念都具有自己的“面面观”，例如，人生概念中最常见的一面是“Life is a journey”，但其也可从另外的角度加以描述，比如：

（1）Life is abuilding (His life is in ruins because of his failed marriage).
生活是一座建筑物（由于婚姻失败，他的生活一塌糊涂）。

（2）Life is a gambling game (Those are high stakes in life).
生活是一场赌博游戏（这些都是生命中的重大风险）。

（3）Life is a play (And one man in his time plays many parts).
人生就是一场戏（一个人在他那个时代扮演着许多角色）。

（4）Life is a day (Charlton was by then in the twilight of his football career).
人生就是一天（查尔顿那时正处于足球生涯的末期）。

（5）Life is a writing (My move to China began a new chapter in my career).
生活是一种写作（我搬到中国开始了我职业生涯的新篇章）。

从跨文化角度来说，基于人类基本经验的不同源域概念之间的转换不会受到太大阻碍。中国人理解诸如“My move to China began a new chapter in my academic career”这类句子不会有太大困难，而略带文学性比喻的句子如“His life is in ruins because of this failed marriage”，基本上也可以理解。不过也存在不同文化间概念不一致的情况，例如概念隐喻“Happiness is flowers in the he/rt”在汉语中对应“心花怒放”，但是英语中并无对应的思维概念。

（二）单个源域对应多个目标域

与前文单一抽象概念使用多个具体概念相反，单个源域对应多个目标域是具体概念只有一个源域，而抽象概念却有多个目标域的现象，即用一个具体事物比喻多个不同抽象概念。这一现象可以用以下例子说明：

（1）Theories are buildings (The foundation of his theory is solid).
理论就是建筑（他的理论基础是扎实的）。

（2）Relationships are buildings (They have built a solid relationship).
关系就是建筑物（他们建立了牢固的关系）。

（3）A career is a building (Her career is in ruins).
事业就是一座大厦（她的事业一败涂地）。

（4）Economic systems are buildings (The economy is in ruins).
经济系统就是建筑物（经济一片废墟）。

(5) A life is a building (The girl ruined his life).

人生就是一座建筑物(那个女孩毁了他的生活)。

该现象表明，虽然目标域中的抽象概念不尽相同，但是它们共同具有源域概念的某些特征。上述例子中的抽象概念均具有建筑物特征，因此就可以使用"ruin"这一词进行表达，如可以说"ruin your theory""ruin your relationship""ruin your career""ruin the economic system""ruin your life"。源域概念描述目标域概念的过程中，这一单对多或者多对单的思维方式，被称为文化集体思维(Cultural Groupthink)。如果将目标域概念看作中间的大圈，源域概念则是四周的小圈，这种关系被称为"Clustering"；而如果中间是源域概念，多个不同目标域概念在四周，这种关系被称为"Radiation"。从跨文化角度出发讨论文化集体思维，观察源域和目标域概念文化中遇到的阻碍，对翻译研究和学习有着一定的意义。

五、意象图式隐喻与意象隐喻

上述隐喻的讨论角度不仅有基本隐喻和复合隐喻，还有其他分类，例如，将隐喻分为意象隐喻(Image Metaphor)和意象图式隐喻(Image Schema Metaphor)两类。在说明两种隐喻的区别之前，需要先对图式(Schema)这一概念做出解释。

前文中提到了体验(Embodied Experience)这一概念。图式和体验相关，也就是生活中人与物质世界发生互动后大脑中所形成的意象图式，人们以这些图式为媒介，进而实现以概念隐喻感知抽象世界。最基本的图式一般来自生命中早期的经历，例如婴儿第一次站立走路时感受到的愉快，摔倒后的痛哭，这些上下体位变化潜移默化中与心情相连，同时在这类经历中，"Happy is up""Sad is down"的概念隐喻逐渐形成。虽然是意象，但这种图式较为粗糙、不够具体，诸如接触图式(Contact Schema)、力图式(Force Schema)、路径图式(Path Schema)等，就像人们感觉通过路径可以从一点到达另一点，其形成了一条先行移动路径。其基本成分除了粗线条的两点一线外，再无其他更具体的内容。根据此定义，以里外、上下、容器作为图式基础的概念隐喻都为意象图式隐喻，这类概念隐喻可触发的隐喻为数不少，例如以下句子通常被人们认为不含隐喻：

(1) I am out of trouble. (based on the IN-OUT schema)

我摆脱了麻烦。(基于 IN-OUT 模式)

(2) I am in love. (based on the IN-OUT schema)

我恋爱了。(基于 IN-OUT 模式)

(3) That was a low trick. (based on the UP-DOWN schema)

那是个卑鄙的伎俩。(基于 UP-DOWN 模式)

(4) He went crazy. (based on the MOTION schema)

他疯了。(基于 MOTION 模式)

(5) You are driving me crazy. (based on the FORCE schema)

你快把我逼疯了。(基于 FORCE 模式)

但实际上这些句子都是由意象图式隐喻引发的。它们在传统理论中不算隐喻，在认识隐喻理论中是隐喻。

上述隐喻都不太引人注目，抽象概念和具体概念从源域不断映射到目标域，进而投射出大量隐喻。但这些隐喻无论是说的人还是听的人，都是没有意识的。虽然数量庞大，但不会锋芒毕露，只默默存在于思维和语言中，支撑着语言体系。人们的语言中如果只有这些意象图式隐喻，那么一定会很快感到“无聊”，因为这样的语言太过平淡，缺少起伏。于是人们希望在现有的思维“资源”之外，寻找更多资源。比如有人在路边的树上发现一根干瘪的树枝，立刻联想到前一天在时装秀上看到的一个模特，因为两者的外形具有相似之处，于是则可以说“The model is just a twig”。认知隐喻理论中的意象隐喻（Image Metaphor)，即是这类临时拼凑的隐喻，与意象图式隐喻需要经过缓慢长期的过程才能稳固于语言体系中不同，这类隐喻来去匆匆，因此有一个别称，叫作“One Shot Image Metaphor”。它们并不由源域和目标域之间粗糙映射而成，而是两个整体图像之间的映射，比如将树枝的图像映射到模特的形象上，形成隐喻。在认知语言学界，一个常见的例子是“My wife's waist is an hourglass”，就是把沙漏的外形图像投射在女人的外形上。这种意象隐喻还有前文中的“The city that is devoured by locusts each day and spat out each night”，是将蝗虫蠕动的形象投射到城市里涌动的人潮这一意象上。这类隐喻都引人注目。在意象图式隐喻中昏昏欲睡的人们，由于“树枝”“沙漏”“蝗虫”这些形象的出现而被唤醒。作者要想语出惊人，就需要让语言特征引起读者的注意，但是图式隐喻并不容易做到这点，因此作者无法只借助意象图式隐喻实现这一目的。所以，为了给读者带来新鲜感，很多作者经常采用意象隐喻达到效果，因此意象隐喻于文学作品中的地位至关重要。

站在跨文化的角度来讨论上述两类隐喻。图式作为意象图式隐喻的基础，其本身又是基于没有文化差异且封闭的人体感知，因此在跨文化中这些概念不难被接受。基于容器、内外、上下等图式基础或是接触图式、力图式的概念隐喻，在跨文化中都不会很难理解。同样这些概念隐喻进而引发的语言隐喻，在跨文化过程中也比较容易被接受，至少理解起来没有困难。但是意象隐喻所面临的情况就不同。这类隐喻中，一个物体作为引进映射的源域图像，在不同的文化中会有所差异，同时物体的选择体系是开放的，也就是任何一个物体都可以被用以比喻。如果采用人们从没见过的动物做源域映射的基础图像，就很难被不同文化的人理解。因此，跨文化理解意象图式隐喻不算太难，难的是如何在不同文化中表达。反之，由于意象隐喻具有的潜在文化特异性，在跨文化中可能会受到阻碍。鉴于意象隐喻在文学作品中常起到反映其特色的作用，所承载的信息具有文学价值，因此在文学翻译中，如何正确处理跨文化中的隐喻非常重要。

第二章　英汉隐喻认知对比的理论基础

隐喻不仅是一种修辞手段，也是人类认知世界的方式。本章内容包括英汉语言的文化对比、隐喻认知的普遍性理论、隐喻概念的文化一致性和系统性、从哲学的角度看对比分析。

第一节　隐喻的基本特点

通常认为，隐喻具有三个基本特点，如图 2-1 所示。

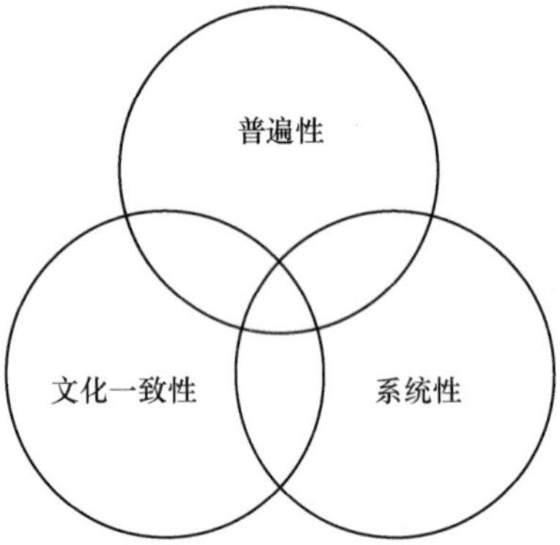

图 2-1　隐喻的基本特点

一、隐喻的普遍性

隐喻属于语言现象。其也是一种认知现象，是将某个领域中的概念和经验用于另一领域的概念和经验，以达到说明或理解目的。所以，隐喻的本质是一种认知方式，是人类对客观世界进行感知、理解并形成概念的方式。在人类的文化及文艺活动中，隐喻广泛存在❶。

---

❶ 孙桂英. 隐喻认知观与英汉隐喻释译［J］. 河南大学学报（社会科学版），2010，50（06）：141-145.

在原始社会，人类以“近取诸身，远取诸物”为原则。也就是说，人类以人本身为标准去衡量周围世界，人与世界相互关联，互为符号。人体可以通过对自身的认识给客观世界的事物打上烙印，并在事物上显示自己的欲望，形成分割与统一。因此，从语言出现开始，被人类率先使用的词汇都是表示具体事物而非抽象概念的。

人类的语言体现出一种明显的倾向，人来看待整个自然是从人体的隐喻影像，也就是从人体式的结构去看客观世界。人类的一切语种都有一个特点，就是用人体各部分器官以及感觉和情欲来隐喻其他大多数无生命的客观事物，比如，头、眼、口、脚等，这些概念原本是人体的一部分。但当这些概念被用来投射到其他事物（山、河、树等）上时，就会产生隐喻的方式，比如“椅子腿”“门口”等。人是以实体存在，并且相对于周围世界独立，人类认识周围世界是从认识自身开始。人类将自己所熟悉的“人本身”这一实体向不熟悉的其他实体或者抽象概念进行投射，一系列隐喻概念也就出现，这一过程就是认知过程。在此过程中，人类对具体事物的认识和体验是将抽象、未知的概念以“实体”进行表达的基础。换而言之，人类是将思想感情、情绪状态、内心活动等看不见摸不到的抽象概念看成有形事物，尤其是人体本身。这就表明将具体概念和抽象概念相提并论，并用具体事物去描述抽象概念的方式，是人类一种自觉的思维方式。只不过，随着隐喻词汇的频繁使用，天长日久，这些以隐喻方式产生的词语就成为常规词，而逐渐被人类忽略隐喻性。人类通过隐喻，逐渐从具体事物的概念中获得抽象的思维能力，于是更加喜欢借助具体词汇去描述抽象概念，人类的隐喻思维体系也就由此形成。

由此可见，语言文字就是由人及物的隐喻系统。一方面，人类将身体部位与客观世界的万物相结合，用身体器官和感觉为客观事物定义和命名；另一方面，可以说客观世界的事物成为人体部位与感觉的隐喻符号。所以，人和客观世界之间的关联域由语言文字建立。

不论是语言中，还是人的思想或者日常行为中，隐喻都无处不在。人们的概念系统指导着人们日常的思考和行为，而其本质也具有隐喻性。所以，隐喻并不仅仅只属于语言范畴，并不只体现语言的特性，也体现出人类的本质特性，构成人类的全部文化，并体现出人类文化（或者说世界符号化）形成的过程。隐喻是由此及彼指向其他事物，因此，人类使用隐喻方式也就超出自身限制，逐渐向更高的存在靠近。虽然隐喻功能在语言中被使用，但其效果却创造出超越语言的效果，隐喻式的思维让人们把具体事物作为喻体，并投射到抽象的事物上去。因此，隐喻的方式普遍存在于人类的文化与生活中。

二、隐喻的文化一致性

隐喻的形式是通过对心理意象进行联想，认知主体发现两个不同的事物之间具有相似性，其中认知主体是社会语言人。社会语言人所处的语言环境具有具体文化背景，因此，隐喻认知就难以避免地被贴上文化的标签。任何一种语言都有特定的使用团体，这些使用团体是在共同的历史文化、风俗习惯、价值观等长期影响下形成的，也必定会在该种语言中得到反映。因此，通常某种文化中的价值观和该种文化中基本概念的隐喻特点会保持一致。

隐喻除了和语言相关外，还和人的思想行为相关。隐喻中所涉及的两项内容都是人类记忆中长期存在的概念，并不是偶然出现的。也就是说，隐喻首先出现在概念上，然后才出现在语言上，在概念上用一个范畴隐喻另一个范畴，在语言上用一个词语去隐喻另一个词语。例如，“高”本身的概念是与“低”相对，体现上下对比的特征，是一个空间概念。但是人们把这一概念所具有的特征向其他领域投射，就产生了“高血压”“高水平”“高手”“高速”“高能”等概念，并且被运用到语言中。如今，很多语言形式已经十分常用，但其实它们都是经过概念隐喻化到语言隐喻扩展词义的变化，比如英语中的“Needle’s eye”“Arm’s chair”“The foot of the hill”等。

由于时间和空间的改变，隐喻化的概念会变得有所不同。概念不是一成不变的，随着历史的前进、社会的变化以及人类认识的进步，概念也会产生变化。比如，公开、过度地追求金钱，在中国的传统文化中是不被认可的，因此有“视钱财如粪土”之说。但时至今日，人们谈论金钱时不会再小心翼翼、躲躲藏藏，而是大大方方。由此可以看出，随着社会的发展，隐喻概念始终在不断变化着。

在不同的地理区域内生活着不同民族的人民，不同民族的人民之间风俗习惯和社会制度都有所不同，因此不同民族中的形成的隐喻概念是多样化的。隐喻概念在不同的民族中，由于地域的差异形成了不同的概念系统，因此不同民族的隐喻概念其内涵和外延也有所不同。比如，中国的地理环境决定了气候多样，在多样的自然条件下，古代思想家将代表自然的“天地”和“人”统一起来，以人为核心，从人本身出发，体验自然万物。所谓“天人合一”概念就产生于先秦时期，西周时期，人们以“天”为神，赋予“天”以人格和思想，认为它是大自然的主宰者。此种思想生成了古代的人民文化，即崇拜天神。因此，“天”在中国文化里远远不限于天空、天宇，它是主宰人类世界的一种超然的力量，蕴含着浓烈的人文色彩，所以才派生出“天意”“天经地义”“天网恢恢”“苍天”“翻天”“归天”“后天”“乐天（派）”“一步登天”“无法无天”“一手遮天”“大罗地网”“天才”“天禀”“天分”“天资”“天赋”“天公”“天理”“天子”“欢天喜地”。在英语中，表示“天”有“Sky”和“Heaven”两个词。“Sky”的附加意义是“高”，所以派生出“Skyscraper”(摩天大楼)、“Sky-high”(天一般高)、“Skyway”(高架公路)。“Heaven”与“Sky”一样有“天空”的意思，虽然它还派生出“大堂”

的意思，但比起汉语的“天”，它的外延就小多了。

三、隐喻的系统性

（一）隐喻的系统性界定

隐喻的本质是通过一件事去理解和定义另一件事。意思是运用经过简化和概念化的术语来了解客观世界，引导人们的认知和思维方向，帮助人们形成观念。隐喻概念如同文化是一种知识系统一样，也具有其系统性。举例来说，在“理论是高楼大厦”这一隐喻概念中，高楼大厦显然是有结构和层次的具体事物，以此来想象理论的架构就如同高楼大厦一样，有“地基”“架构”，理论应如同稳固的建筑物一般，成为一个整体系统，如此不至于动摇甚至倒塌。

人类喜欢用隐喻的方式来为客观事物下定义，其原因在于，人类具有独特的概念系统，这种概念系统决定了下定义的习惯方式。在隐喻的语言形式中，人类观察世界、认识世界、理解世界的过程被体现了出来。人类运用隐喻的方式将看似不相关的事物联系起来，并从中找到相类似的地方，说明人在理解事物的心理过程中，并没有直接概念化。比如，不管是汉语还是英语，提到竞技体育尤其是球类比赛，总是会将其隐喻为“战争”。其实，“战争”和“球赛”是两件不相关的事情，但这一隐喻则总结出二者之间的相似性：二者的最终目的都是分出胜负；二者在过程中都有进攻和防守等。所以，隐喻系统中就出现了以战争谈论球赛的情况。参与球类比赛的运动员先被赋予战争中战士一样的称呼：负责进攻的球员叫前锋，负责防守的队员叫后卫；比赛中所设计的比赛策略被称为“战术”；阻止对方进球叫“防守”；自己想办法进球叫“进攻”；化解对方的进攻并得到球权后马上向对方进攻叫做“防守反击”；帮助队友进球叫“助攻”；比赛顺风顺水被形容为“攻无不克”“屡战屡胜”；决定命运的某场比赛被称为“生死战”“天王山之战”；整个赛事的最后一场叫作“收官之战”；此外还有“佯攻”“鸣金收兵”等词语被用在球类比赛中。

（二）隐喻系统的共性分析

在人类社会中，不同的人群被划分为不同的民族，产生出不同的文化。但是，人类总归都生活在地球之上，因此，纵然有诸多不同，但在这些不同的背景之下，还是会产生出一些文化共识。共识文化会在语言中产生共同的语义，也会产生出类似的隐喻方式。

不同语言中的共识文化语义的产生是由于对客观事物认识的一致性。例如，汉语的“辩论是战争”和英语的“Argument is war”的构词喻象相当一致。其他还有：

（1）开火（Shoot）；

(2) 捍卫你的论点 (Defend your argument);
(3) 攻击他的论点 (Attack his argument);
(4) 反击 (Counterattack);
(5) 唇枪舌剑 (Cross verbal swords);
(6) 舌战 (A verbal battle)。

不同语言种类中的共识文化语义说明人类语言系统不是出于封闭状态的，而是自由的、开放的。社会发展至今，人类之间的交往已经十分频繁，生活在不同地理环境中的各族人民在政治、文化、经济、教育等方面不断交流与融合，形成了更多的共识文化语义。“信息高速公路”(Information Superhighway)，“软着陆”(Soft Landing)，“坚挺”(Strong)，“疲软”(Weak)，“牛市”(A bull market)，“熊市”(A bear market)，“峰会”(Summit Meeting)，“千年虫”(Millennium Bug) 等隐喻已经在多种语言中广泛运用。

(三) 隐喻系统的差异性分析

每一个民族都具有深沉厚重的民族心理，它通过心理遗传，影响着本国、本民族的每一个人，它决定了该民族人民的思想、气质和行为习惯。每一种语言都具有悠久的历史，该民族的风俗习惯、传统文化、历史典籍等都对其语言有所影响，形成独特的内容。在隐喻概念系统中，由于各民族的认知方法不同，对客观世界的理解就不同，因此，形成的隐喻化概念也具有很大差异。

汉语里有“气是世界的物质本源”的隐喻概念，这个命题源于中国古典哲学。“气”是中国古典哲学表示物质存在的基本范畴，是生命的本源。东汉王充提出：“天地合气，万物自生。”(《论衡·自然》) 因此，就有表示有自然之“气”，如“天气”；命运之“气”，如“气数”“运气”“晦气”“手气”；生理之“气”，如，“气虚”“元气”“湿气”“肝气”；精神之“气”，如“气色”“气概”“气派”“勇气”“神气”“血气”“胆气”“暮气”“喜气洋洋”“颐指气使”(倨傲的神气)；表示人的个性及特点的“气”，如“气度”“气量”“脾气”“气宇”“俗气”；文艺美学之“气”，如“气韵”“荡气回肠”；力量和形势之“气”，如“气势雄伟”“一鼓作气”“气吞山河”等。英语里没有“气是世界本源”的概念系统，更没有有关“气”的隐喻系统。

比如“怒气”一词，在汉语中，怒气是气体，其温度极高。而在英语文化中，“怒气”更倾向于“液体”，可被盛放于器皿中。因此，英文中的“怒气”一词，有“器皿中的液体”之意，当液体被加热时，就会呈现出“怒”的特点。比如，到了沸点会出现蒸汽，那么盛怒就像蒸汽一样：He is steaming (他在散发着蒸汽：他在盛怒之中)；如果器皿是封闭的，液体被加热时温度会一路上升，怒气也是这样：The naughty students got a rise out of the teacher (捣蛋的学生使老师一路上升：捣蛋的学生惹怒了老师）；器皿中的压力不易释放，如怒气般：He gave vent to his anger in his speech（他在演说中为怒气找一个出口：他在演说中宣泄着他的怒气）；怒气还像啤酒瓶子一样，里面的压力过大就会产生爆炸：My father blew up when I broke his antique（我打碎了爸爸的古董，他爆炸了：我打碎了爸爸的古董，他发怒了）。

西方人强调个体，追求对人的尊重和理解，充分发挥个性，即是西方的人本主义。中国人强调人在群体中，看重整个群体的重要性，即是中国的人本主义。群体有很多种，“家”是其中比较重要的一种。在中国的传统文化中，“家”的概念十分重要，因为在中华民族的发展史上，“家国一体”是一种伟大的格局，即从家族走向国家，由血缘关系稳定国家制度。比如，一件事几乎所有人都知道时，可以用“每个人都知道”来表达，但更常用的则是“家喻户晓”“大家都知道”，此处的“大家”就是指一定范围内的所有人。于是，汉语中出现此种隐喻：“家”表示“有专门的学识的”，一个人在某些方向具有很高的水平被称为“什么家”；在学术研究方面有独特见解的，可以说“自成一家”；自己最擅长的本领叫作“看家本领”；在某些领域登峰造极的就是“做到家了”。反观英文，只需要加上后缀“-ist”“-nt”“-cian”“-er”“-or”就可以表示“什么家”，而这些后缀并不具有隐喻的意义，也不存在深厚的文化内涵。另外，汉语的“家”被英语翻译为“Family”或“Home”，其中“Family”一词的隐喻概念仅仅表现在生物、化学、天体等领域中的“族”“属”“科”等上面；“Home”一词虽然在表示“精通”上与汉语类似（He is at home in Spanish/他精通西班牙语），但也没有其他含义。

英语短语“Up is good”在汉语中有同样的隐喻方式。英语“Upright”翻译成汉语是“正直”，其隐喻也相同，但各有所强调：英语的重点在于“上”，汉语的重点在于“正”。因此，汉语的隐喻系统认为“正”是一种“好”，人品端正则可以说是“正人君子”，心地坦荡则为“光明正大”，不偏不私的风气是“正气”，处理事情没有偏向则是“公正不阿”，一切公正的道理皆为“正义”，如果知错能改叫作“改正”，商品来源合理途径便为“正品”。

隐喻概念可以通过一件事的经验去理解另一件事，原因在于隐喻概念具有系统性，对人类感知周围世界和学习、积累知识具有重要作用。如果世界没有隐喻，那么，人们不仅会失去了解客观世界的重要手段，还将不能读到诗一般的语言。隐喻概念系统在人自身的经历和所处的文化影响下形成、发展，因此，不同民族中的共识文化在不同民族的语言系统中形成相似的隐喻概念系统，不同民族中的非共识文化（不同的历史、环境等）又在不同民族的语言系统中形成截然不同的隐喻概念系统。这些具有共性或存在差异的隐喻概念系统，为人们进行英汉隐喻对比研究提供理论基础。

四、隐喻的常规性

某个隐喻是否经常被使用，读者对此熟悉不熟悉，即是隐喻的常规性（Conventionality）。此处所说的隐喻既包括概念隐喻，也包括语言隐喻。通常，人们在见到新鲜的事物时会充满好奇心，就像从没有见过熊猫的人，第一次见到就会十分新奇，但是如果是每天都会见到的东西，就不会吸引太多注意力。即使是曾经感到好奇的新鲜事物，时间长了也就没有吸引力了。

谈回隐喻，人们如果想给事物赋予一个全新概念，可能需要绞尽脑汁思考，因为全新的概念并不是现成的，没有那么容易被找到。同样，如果人们想要使用一个全新的隐喻，也需要仔细思考，因为全新的表达法也并不是现成的，隐喻也没有那么容易被想到。反之，如果通过已有的概念进行隐喻，使用已有的隐喻进行表达，则会容易许多，省去冥思苦想，在不知不觉中就能找到并使用隐喻。所以，可以看到，一些著作中会出现“Automat Effortless”“Unconscious”一类词语，用它们来形容平淡无奇的、存在于思维和语言系统中现成的隐喻；还会有“Effortful”“Conscious”一类词语，用来形容新奇的、经过大量思考之后获得的隐喻。所以可以说，平淡无奇的、存在于思维和语言系统中现成的隐喻常规性程度较高，而新奇的、不常见的、经过大量思考之后获得的隐喻常规性程度较低。要判断隐喻的常规性程度，可以看日常生活中人们以沟通为目的使用的隐喻所出现的时间长短，以及这一隐喻是否已经融入语言系统中。值得强调的是，常规性与非常规性之间不是非此即彼，因为隐喻的常规性从弱到强是逐渐转变的过程。

因为图式（Schema）是人脑本身所固有的部分，但意象则不是，意象是隐喻的临时材料。再根据上述定义，可以得出：意象图式隐喻所具有的常规性程度较高；意象隐喻所具有的常规性程度要取决于意象本身，如果意象不常见，则其对应的隐喻常规性程度必然较低。比如，“Religion is a journey”“Not a destination”借助“journey”进行表达，“journey”是一个图式，因此这一隐喻的常规性程度就较高，易于理解。

语境也是帮助解读隐喻的重要方法。如果隐喻的常规性程度较高，则对语境的依赖程度就越低；如果隐喻十分新奇，常规性较低，则在理解时更多需要借助语境。比如以下话语运用的是意象隐喻，而不是以意象图式为基础：I am going to let Paris stew in her own gravy。句子中“stew in her own gravy”是一个鲜明的意象，所以从之前的理论分析看，这一隐喻的理解难度会超过图式隐喻。又比如，“gravy”在一些文化中并不存在，但是即便没有肉汁，其他类型的汤炖食物也是人类常见的活动，因此，这一隐喻虽然不属于图式隐喻，但由于意象较为常见，所以常规性程度还是很高，也不需要依赖语境进行理解。还有一个例子，这是一句非洲土语：The earth is a beehive we all enter by the same door, but live in different cells。其中，“beehive”属于意象隐喻，相比上一个例子，这一隐喻理解起来就有些困难了。可以想到，如果没有“We all enter by the same door, but live in different cells”这一语境，那么“The earth is a beehive”可能就无从理解，句子是如何把大地和蜂窝进行联系就一无所知，必须看到后面文字才明白，这就是语境对于解读语境的帮助所在。

意象图式隐喻的理解在跨民族和文化中不会遇到太大障碍，是因为图式的存在以人的感官为基础，表达和翻译另论。“Religion is a journey, not a destination”是一个常规性程度比较高的隐喻，无论是在英语中还是在汉语中都能够被理解，这是因为汉语使用者的头脑中存在着“journey”一词所对应的图式。同样的还有“I am going to let Paris stew in her own gravy”，这一隐喻虽然不是意象图式隐喻，但由于它的意象隐喻来源于生活中比较常见的活动，所以常规性程度也很高，易于理解，当然，其翻译方式可以讨论。相反，“Every dog has its day”是一个英语成语，这一成语中的隐喻就不太常见，常规性程度比较低。其原因在于，成语中的意象“狗”具有明显的跨文化差异，“狗”在汉语文化中具有明显的贬义，但在英语文化中则不然，因此其附加含义具有明显不同。

在翻译表达时，如何处理常规性程度不同的隐喻内容是关键点，因此隐喻的常规性程度在跨民族、跨文化的条件下非常值得关注和研究。在翻译过程中，需要判断不同隐喻的价值和意义，要保留有价值的隐喻，忽略掉无价值的隐喻。例如，“21世纪已经到来”在汉语中属于隐喻，但这一隐喻的基础是图式，常规性程度极高，人们甚至都没有感觉到，所以，此类隐喻价值就比较低。而“The State of New Jersey is a valley of humility between two peaks of conceit”这句中的“valley”和“peaks”也是隐喻，但却是意象隐喻，所以给人以强烈的印象。

第二节　隐喻认知的理论基础

一、隐喻认知的本质

在人类对自然界事物的探索中，隐喻作为一种情感体验，在人与世界相似的基础之上，牢牢保留着他们两者之间的内在关联，诠释着人对世界万物的开解。由此可知，人作为一个自然界小小的个体，以自身的思维模式、经历、语言以及行为习惯为基础，隐喻的本质含义就是用生活中可以具体描述的事物比喻抽象化陌生的事物。

从认知领域的宏观角度看，人类从诞生到现在的历程，就是对大千世界主观认识的过程，从这一历史发展的过程中，了解到以人为主视角与外界环境相辅相成的作用，其中最原始的语言符号起到根本性作用。人类是用语言符号与世界交流，并传承下来形成自己的语言文明，也就是现在所见的历史。理查兹

(I. A. Richards）作为隐喻互动论的创始人，最早提出“语言是不同领域交汇点，交汇不仅仅是外在的表现形式，而是组成部分。它是由人在日常生活中点点滴滴的经验积累过程的语言应用心理基础。”总而言之，在语言的初步创造中，人类最早用语言表达的事物都是自然界中一些具象化事物。人类从这些具象化事物中逐步获得抽象化思维，然后用表述具体事物的一些词语形容脑海中一些抽象概念，久而久之，逐渐构成隐喻思维体系。通俗来讲，隐喻思维就是将两种毫无关系的事物，通过脑海中的联想融为一体，并借助两种事物表达、评价或者解释人们脑海中想要阐述的真情实感。

相似性是隐喻认知的基础。相似性的建立是人与世界万物建立的关联域，形成一个始源域（Source Domain)(喻体）和一个目标域（Target Domain)(本体)，两者之间是相互独立的两个事物，都有人们之前对事物的认知经验。之所以能够联系在一起，是因为两者之间具有相似性，相似性的关联是人们大脑中对语境的认知决定的。认知语境可看作系统化的知识结构，该知识结构由三个部分组成，分别为语言、知识和社会心理。若是两者发生关联和互动反应时，就会激活人大脑中的联想系统，将日常生活中一些熟悉的事物投射到一些陌生的物体当中。因为隐喻可以帮助人们更好理解目标域的结构及其特点，也就代表人的大脑也具有人资功能。隐喻用通俗的语言来讲，就是借助一个常见物体或概念去形容另一种人们见到的抽象物体，暗示两者之间有共同之处。

由上可知，隐喻是创造性的比喻过程，需要人们充分发挥大脑的联想机制，也体现出人们对当前环境中出现的固有事物的重新认知。隐喻是动静结合的认知结构，通常情况下，为了更好地了解外界事物，人们都是借助两个关联领域的事物，来认识自己所处的自然世界，加深对外部的认知。

二、隐喻的类型

隐喻认知可以分为三种类型。

（一）结构隐喻

结构隐喻顾名思义就是在两个事物结构不变的基础上，用一个概念来构建另一个概念，两者之间的相似性是结构构成中存在对应的规律。举个比较复杂的案例，莱考夫和约翰逊两个人对“Argument”的概念更加细致、精确的研究分析。

它包含四个主要成分，即“Argument is journey”(论争是旅行)、“Argument is war”(论争是战争)、“Argument is container”(论争是容器）和“Arguments are buildings”(论争是建筑物)。针对上述的论证都是围绕某一核心点，然而，其论证的事物，并不是论证内容的全部。举个简单例子，比如“论证是容器”，容器就是单纯一个事物，但是代表产出内容，就是一个虚拟事物，“论证是战争”“论证是建筑物”也是同理，就是用这个物代替虚拟的质量、方法和结果。

以上四个隐喻都可以看作结构隐喻，比如“Argument is war”隐喻里，形容“战争”中出现的各个环节都可与“论争”，比如：战争双方中占据根据地的初始位置；战争双方攻击彼此战队的薄弱点；防御或蹲守根据地；防守地撤退；进攻或反击；胜负；停战。以上都是结构隐喻的映射，也就是将始源域的模式映射到目标域的映射当中，前者对应后者的某个位置点，两者之间的点串联在一起形成系统。由以上内容组成的“论争”隐喻就是结构隐喻的具体概念表述。

日常的语言运用中，还有很多结构隐喻，具体如下：

（1） Anger is dangerous animal.（愤怒是危险的动物）

（2） Communication is sending.（沟通是发送）

（3） Death is departure.（死亡是离开）

（4） Lifetime is a day.（一生只是一天）

（5） Love is war.（爱是一场战争）

（6） Time is money.（时间就是金钱）

（7） Understanding is seeing.（理解是看到）

（8） World is a theaterstage.（世界是一个大舞台）

比较左边位置的目标域与右边位置的始源域，能总结出非常切合人体直觉的结论，就是人们通常都是用比较具象化的事物即右边始源域，来理解脑海中比较抽象化的概念即左边目标语。简而言之，人们对一些复杂化、抽象化的概念理解，一定是建立在日常所见的可视物当中，用它代替那些复杂的抽象概念。至于日常所见事物的概念理解，则是建立在人们对这些物体的熟悉和经验积累中。

（二）方位隐喻

方位隐喻则是参照空间概念进行搭建的隐喻概念。方位隐喻采用空间对照的方式，也是用一个空间位置去描述另一个空间概念，相同点是，两个事物或者概念在同一个概念系统当中。

比如上下、前后、中心等空间词组合起来。空间方位的根本是人与自然的相辅相成，空间感知力是人获取的基本自然力，空间感知经验也是人们在后期与自然的相处成长中逐步学会的能力经验，这一点在心理学中已经达成有效共识。因此，人们通过与自然相处中的经验积累去理解、感知抽象化概念，比如以上下和高低为基础的抽象化隐喻，具体如下：

（1） Happy is up；Sad is down.（快乐是向上；悲伤是向下）

（2） Conscious is up；Unconscious is down.（意识是向上的；无意识是向下的）

（3） More is up；Less is down.（涨多跌少）

（4） High status is up；Low status is down.（高状态为开；低状态为关）

（5）Rational is up；Emotional is down.（理性在上升；感性在下降）

以上隐喻中，始源域和目标域都是建立在人日常生活的两个基础：第一个是身体经验与物质经验，这就解释了为什么隐喻在语言描述中相差无几；第二是人们在社会生活中逐渐学会的语言构成的文化经验，隐喻的表现形式多种多样，因为每个人对它的理解不同，也代表不同含义。

上述隐喻基础具体的解释有以下五种说法：

（1）低头垂首的身体姿势通常表示人处于情绪悲伤的状态下，直立的站姿则正好与之相反。

（2）人们在睡觉休息的情况下，大都是躺着的，但是睡醒后，身体是站立的。

（3）人所处的社会地位与权力息息相关，施力在上。

（4）往一个容器中装入越多东西，平面就会越来越高。

（5）西方文化理解中，人们自视过高，总将自己凌驾于一切事物之上，想要掌控一切事物，包括周围的环境，这都是理性的作用。

通过上述的说法可以明白，“施控是上”的隐喻，其实就是人在上方的意思，当然从隐喻的理解中也可以延伸为理性在上的意思。

上述案例中，人们所运用的概念都是建立在空间隐喻组织的基础上。每一个空间隐喻都有一定的内在联系，即便是不同的隐喻也会有系统关联。比如“上”这一空间方位对应“好”，“好”的具体概念描述又对应“快乐”“开心”“有地位”等一些比较好的词汇。因为空间隐喻和关联概念之间联系非常密切，所以人们很难想象采用其他方式替代他们。所以英语与汉语的隐喻概念都是用高低构想“社会地位”，这就是汉语英语中对空间隐喻的相通性。

（三）本体隐喻

人们对外界环境中实体和物质的经验可以看作最为基础的经验，但是这种经验却为人们描述表达抽象化概念提供了良好的基础。正因如此，本体隐喻这一隐喻概念出现。借助本体隐喻描述抽象化、模糊化的经验，比如人的行为动作、心理描述、情感等等。将他们看作实体或者离散状态主要是方便人们的思维推导，比如通货膨胀这一概念名词，可以把通货膨胀经验看作实体，进而形成对它的本体隐喻。

在日常生活中，就有：Inflation is lowering our standard of living（通货膨胀日益降低我们的生活水平），Inflation is backing us into a corner（通货膨胀把我们逼入困境）等这样的说法。

在对本体隐喻的概念阐述中，容器隐喻具有鲜明的代表性。容器隐喻的物质基础较为明显，比如人体就是一个容器，皮肤是作为人体这一容器内外的分界点，人们为了生存、发展，必须从外界源源不断地获取食物、水等生活必需品，将他们装入容器中，也不断地排出体外一些废弃物。在人们生活的周围，经常与容器打交道，可以说容器无时无刻存在。从人类的认知领域中，任何一个有边界的物体都可以将归类为容器，若是把容器放到隐喻中，就是各种形式的容器隐喻。

以上类型的隐喻举例，说明隐喻不仅是人们日常生活中的语言描述，也是人们思维理解的基础。这些语言形式逐渐普通化，导致人们下意识地运用隐喻，但是意识不到自己已经使用隐喻。人们思维意识中的下意识概念，将一些比较复杂抽象的思维概念，借助现实中接触的日常事务表达阐述出来，让这些抽象化事物有具体化的特征。因此，隐喻的思维方式就是人们的感知方式，其已经成为人们日常生活中不可缺少的一部分，也是人们认识世界的基本方式。

三、隐喻的认知功能

亚里士多德等人很早就发现隐喻的认知功能，方达尼尔和理查兹等人也很早对其进行了探索，现如今又有语言学家约翰逊、莱考夫等人在深度和广度上对其进行更为详尽系统的研究。只着眼于隐喻的认知功能当然无法探明其本质，但对于语言意义表达机制和交际效果的认知是十分有意义的，对于语言教学、词典编纂也很有帮助。

（一）隐喻是人类组织概念系统的基础

认知语言学家指出，人类概念体系中有非常多隐喻性的基础概念，这也表明人类所使用的词汇基础很大程度上都含隐喻。严格来说，隐喻产生之前的符号，而非隐喻本身，才能讨论理据性与否。但由于隐喻表达式受到含义继承，因此体现出一定理据性。在人类概念体系中，根隐喻处于核心地位，其嵌入人类语言系统中，支撑起词汇系统，同时也决定了人类的思维和话语表达方式。隐喻的发生无时无刻不存在着，例如计算机网络由于科技发展在现代生活中普及，“信息高速公路”这类新鲜词汇逐渐成为高频使用的“隐喻主体”。

束定芳曾从美国报纸杂志上摘取了有关电脑网络报道的新闻标题和内容，比如❶：

（1）Prime minister rides the info-highway.（首相乘坐信息高速公路）

（2）White House counts two million cyber tourists.（白宫统计有200万网络游客）

（3）AT&T stalled on the info-highway.（AT&T在信息高速公路上熄火了）

---

❶ 束定芳. 隐喻转喻研究［M］. 上海：上海外语教育出版社，2011.

以上例子表明，作为“电脑网络”这一隐喻的中心概念，与“highway”相关的隐喻由词汇向语义延伸。“隐喻主体”也作为中心概念用于信息服务的执行。

“隐喻主题”通常以概念隐喻的形式出现，继而形成概念域。例如概念隐喻“Time is money”(时间即金钱）涉及很多表达式，从功能上来说，概念隐喻对人类的认知方式有着影响和控制作用。

（二）隐喻是人类组织经验的认知工具

隐喻表现在意义，人们可以利用隐喻借助一个领域形成的经验去了解另一个领域。由此，隐喻为人们认知不熟悉或难于把握的领域提供了有效途径，用相对熟悉、容易把握的领域经验去加以认知，形成态度，并构成行动。概念系统在人类经验中大部分是基于本体隐喻而构建的，本体隐喻主要可划分为实际物体和容器隐喻等。

利用实体物质理解相关经验，即“实体物质隐喻”，使人们将一些经历看待为同类的可分开的物质。当把经历作为实体物质，它们就可以量化和范畴化，可以进行述谓和指称，同时也可以理性讨论。就好比方向性隐喻是基于人类对空间方位的基本经验，很多本体隐喻的经验基础都来源于相关物体，尤其是人类身体。本体隐喻可服务于不同目的，不同隐喻体现出不同目的。

基于容器的概念来建立另外一些抽象概念，即为容器隐喻。详细来讲，它将边界加于某事物之上作为容器，因而可量化。下面用束定芳的分类及论证来加以解释。

第一，将地点及与其相关的事物看作一种容器，使其具有边界，从而对其进行量化。例如，南京这一城市容器中，爱恨悲欢所谱写的精神内核是吸附能力最强的磁体。

第二，把事件、行动、活动和状态等也可以看作容器，即：

(1) Are you in the race on Sunday?(你星期日有比赛吗?)

(2) How did you get out of washing the windows?(你怎么不擦窗户了?)

第三，人们更偏好借助物理经验去认知非物理经验，比如心理、文化、情感经验。这些都是人们基本的经验，比如：

(1) Harry is in the kitchen.(哈里在厨房)

(2) Harry is in the Elks.(哈里在麋鹿队)

(3) Harry is in love.(哈里恋爱了)

在以上三句话中，第一句是直接经验过程，而非隐喻，第二句和第三句分别是“Social groups are containers”(社会团体是容器）和“Emotional states are containers”(感情状态是容器）的派生物。

英语中的“in”和“out”两个介词最能体现容器隐喻，它们不但可以指具体的山洞、包裹、城市等，还能用于抽象概念，比如英语短语中的表达式“in one's memory”“in one's heart”“out of mind，out of sight”等。而“out of mind，out of sight”整体则还是结构隐喻，“out of mind”和“out of sight”分别是实体隐喻当中的容器隐喻。将视觉领域作为容器也是很常见的情况，比如：

（1）The plane is coming into view.（飞机出现在视野中）

（2）He is out of sight now.（他不见了）

由此看来，人类认知活动受到了隐喻的深远影响，换言之受到了其直接作用。因此莱考夫等人提出了人类概念体系运转的主要途径依靠隐喻，这个观点是非常令人信服的，其对隐喻系统的研究层次可谓非常之深。

（三）隐喻是认识事物的新视角

隐喻是体现语言表征特点的重要途径。人们将熟悉领域的经验延伸到另一领域，从而形成由某一认知域向另一个作用的过程。例如，当遇到不好描述的认知域，人们就倾向于将所熟悉的认知域诸如“战争”进行应用，人们常提到的“与地斗”“与天斗”“与人斗”即是将对方看成是战争中的敌人，还有常见的“自己是最大的敌人”。由此看来，隐喻的运用使得“敌人”指代的含义更加丰富多样。同时，作为概念隐喻的战争一词还会涉及被隐喻认知域的各个方面。束定芳为解释这一问题，列举出卡特的例子，卡特在提出能源战略时，用战争来形容能源危机。由这一隐喻而催生的关联蕴涵对于有关政策的推出起到了一定作用。例如，因为是战争就必然会有敌人（Enemy），它会威胁国家安全（Threat to National Security），因此就需要确定目标（Setting Goals），建立新的指挥系列（Establishing a New Chain of Command），设计新的战略（Plotting New Strategy），收集情报（Gathering Intelligence），调动部队（Marshalling Forces）等。

由此看来，能源危机就被隐喻加入了战争语义场。而隐喻则成为词汇化，即语义转向词汇的扩展途径，是语言表征系统的重要概念。将新语境视为一种维度视角，人们借助它以某种更独特、更与众不同的方式看待现实。上述论述均处在词汇化层面，还可通过隐喻应用层面扩展认知域。

隐喻用另一角度体现了语言所具有的表征特点，它只传达基础表意单元，在其之外的深层含义需要利用想象来补充。

（四）隐喻的类推说理功能

隐喻的认知功能还可进行逻辑拓展，化解矛盾，进而解决常规情况下无法解决的难题，达到意想不到的效果，这即是其类推说理功能。比如：

（1）玉不琢不成器，人不学不知道。

（2）剑虽利，不砺不断；材虽美，不学不高。

再援引一段古英语中的说理性散文和钱钟书《围城》中的一句话：

The fine crystal is sooner crazed than the hard marble, the greenest beech burnth faster than the driest oak, the fairiest silk is soonest soiled, and the sweetest wine turnth to the sharpest vinegar. The pestilence doth most rifest infect the clearest complexion, and the caterpillar cleaveth to the ripest fruit. The most delicate wit is allured with small enticement and most subject to yield unto vanity.

译文：我（高松年）是研究生物学的，学校也是个有机体，教职工之于学校，应当像细胞之于有机体。(钱钟书《围城》)

通过上述例子可以看出，人们常借助某一领域解释另一领域，利用类比说服别人。通过两个认知域之间单向的映射，人们可以总结出语义派生词汇以及语言运用的普遍规律。此外，概念隐喻带领人们进入另一个语义场，使语言表达方式更加多样，也为认知学习提供有效工具。

四、隐喻认知对人类的影响

（一）隐喻认知影响人类看待事物的方式

认知语言学认为，语言与现实之间并不直接相关，认知和概念这一层次存在于二者之间。人类若想接近现实，就必须构建起认知结构，掌握相关的范畴知识。由此可知，人类基于身体经验，利用自身的心智能力，塑造抽象概念，这一过程可以称之为隐喻认知的建构。抽象概念是通过隐喻认知而产生的，其不可自治，且与人自身的心智水平具有不可分割的关系。人类通过身体经验形成心智能力，利用自身心智能力塑造概念。那么反过来可以认为，反映在人类语言中的现实结构，追根溯源必是身体经验。隐喻认知理论是认知语言学的重要组成部分，这一理论认为，隐喻是构筑概念系统的必需手段，在组织思维和行动中不可或缺，一定常常出现于日常语言中。隐喻是以人类经验为基础的认知行为，其本质是通过某一事物获取对另一事物的理解和认知。比如，人们通常用与战斗有关的词汇来描述比赛，把一场足球比赛理解为一场战斗。如“进攻”“防守”“战胜”等词汇，就与人类的认知过程紧密相关。

人们的认知过程复杂多样，但归结起来，其对于现实的理解主要来自两种途径——直接经验和间接经验。但是，直接经验在认知过程中的作用更为基础。人们在直接经验中得到一些基础性范畴，如方位性范畴（前、后；上、下；左、右）、物体、物质、目的、原因等，逐渐增加对现实的理解。然而，人们理解关于物质世界较为间接的某些方面时，就需要将由直接经验产生的范畴投射到间接事物上，从而产生隐喻。例如，人们把森林中的一片空地看作一个容器，出于各自不同的目的，让自己处在这片空地的内部或外部。但是显然空地本身不具备容器的特点，只是人们由于自身所需在其之上进行投射的结果。同理可知，人们还可以基于另外的感知目的，想象这片空地外的森林是另一容器，并以此设想自己所处的位置，走入森林还是走出森林。

综上所述，人们借助隐喻可以理解事物、感知世界。每个人通过隐喻进行认知的具体方式不同，具有多种多样的概念系统。这一概念系统具有决定作用，其不但决定了人们眼中现实世界的丰富多样性，也决定了人们在现实世界生活的方式、与他人联系的方式。现实世界有可能存在一致性，但在不同语言社会下所形成的隐喻对现实世界构成的认知也不尽相同；人们拥有各自的概念系统，也会通过各不相同的方法感知现实世界。

（二）隐喻影响着人类的思维和行为

隐喻是基于人类身体感知和文化经验的认知方式，它可以反向促进人的经验行为。以民族文化中的隐喻“争论即是战斗”为例，就算是没有参与过打架战斗的人，也会将争论认为是战斗，对争论用以与对战斗相同的语言描述。

隐喻同时也存在概念组织不严谨、每个方面不能得到平衡体现的缺陷。例如在人们进行语言交流时，“管道隐喻”（Conduit Metaphor）会制约人们的理解。该隐喻的内容是“语言表达式是容器”“思想或意义是物体”“交际是发送”。说话人将思想这一物体放进代表容器的语言表达式当中，通过一条管道传输给听话人，然后听话人再将代表物体的思想从语言表达式的容器中拿出来。下面是管道隐喻的一些例子：

（1）It's hard to get that idea across to him.（很难把思想传递给他）

（2）Your reasons came through to us.（你的理由传递给了我们）

（3）It is difficult to put my ideas into words.（很难把我的想法用话语表达出来）

（4）Your words seem hollow.（你的话空洞无物）

这一隐喻是关于语言常规的思考方式，看似符合现实，实则不然。实际上，其没有全面表现语言交际过程，反而掩盖了某些方面。首先，词句自身所具有的意义是与语境及说话者相互独立存在的；语言表达式是放置意义的容器。如果意义是物体，那么其在不同的容器——语言表达式中，具备不同理解。在语境差异无关紧要的情况下，若所有谈话者对于一句话的理解也无大差异，那么管道隐喻是合适的。但是，很多情况下，语境差异尤为重要，管道隐喻就凸显出劣势。并且，一千个人心中有一千个哈姆雷特，即使是同处一个语境中，不同的人对同一句话的理解也不尽相同。由此可以看出，隐喻只能帮助人们认知和理解某些概念的某些方面，概念中的其他部分可能会被掩盖。

（三）隐喻赋予人类创造现实的能力

每个人的概念系统不同，隐喻认知方式自然也不同。人们在认识世界、指导自己思维和行动中形成的隐喻认知方式十分重要，一经形成便很难改变。在生活中，人们开展着方方面面的活动，他们根据隐喻来确定现实，进而在隐喻基础上进行自己的行为。当人们在某项应用领域中转用某个语词，但这一语词本身并不属于这一应用领域时，语词的“本来”意义就会骤然明晰。人们在思想中通过分析概念，预先造成一种抽象，进而创造相关语言表现出此种抽象。

隐喻均具有蕴含，其通过蕴含将人们经验的部分内容表现和连接起来。某种程度上来说，人们要想连贯进行经验组织只能通过既定隐喻。其可以指导未来发生的行为，也可以在未来行为与隐喻部分蕴含相符时，反向促进隐喻对经验的连贯组织。

除了对现实世界中既有概念的塑造，隐喻还可以创造现实，新隐喻可以创造出崭新的现实。当人们行动所依据的概念系统中加入新的隐喻，这一概念系统及其对应产生的认知行动就会发生改变，成为更深层次的现实。比如，当人们以新隐喻来看待事物、感知现实、理解经验、并将其作为行动指导时，这一隐喻即可化为更深层的现实。文化演变大部分来自新隐喻性概念的引入和旧隐喻性概念的丧失。

语言作为工具，可以用于交流，还可以用于解释环境、构建概念、表达现实。语言的形式体现了人们对思想的表达方式，本身并不足以改变现实。但是，语言中所体现出的新隐喻，足以导致概念系统的改变，也确实能够影响人们感知真实世界的方式，进而改变人们的行为。每种语言所具有的不同隐喻体系都蕴含不尽相同的概念系统。认知语言学科中的隐喻理论是语言世界观的体现，其使语言对人类思维行为产生的深刻影响再次得到重视。

第三节　隐喻的工作机制

随着现代社会各方面研究的不断发展，隐喻研究逐步暴露在人们的视线之内，许多专家学者也越来越多地投身于隐喻的研究。而对于隐喻研究而言，专家学者主要研究的方面是隐喻工作机制，其原因主要是隐喻工作机制是隐喻研究中比较繁杂、灵活的部分。本节主要研究隐喻的工作机制，主要从语言学与认知科学两方面开展研究❶。

一、隐喻研究的语言学进路

隐喻研究也是社会研究的重要组成部分。从古至今，许多专家学者都对隐喻研究有所涉猎。就语言学方面，基蒂（Kitty）以及莱雷尔曾在他们的研究中强调

❶ 赵娟. 现代英汉隐喻探究与跨文化翻译策略［M］. 北京：中国水利水电出版社，2018.

隐喻的意义，他们认为隐喻不仅仅与词和句有关，更加密切相关的是语义场。一般而言，语义场是一种二维结构，在这一结构中，聚集与组合关系为主要的构成关系，语义场并不是单一的，根据不同的事和人会有不同的语义场。各个语义场并不是孤立存在，语义场之间有一定的交集，但也存在相互排斥的方面，这种相互排斥的变化就是隐喻偏离，而隐喻则是穿梭于各个语义场之间。

在隐喻研究史上，许多学者都有所研究，比如人们所熟知的亚里士多德。在20世纪初，亚里士多德认为隐喻是以属性代替种类，可以是陌生名字替换，可以是以种代属，也可以是以种代种，也能够采取比较形式，这一形式的理论也被称为替换论。亚里士多德认为，以规范的话语替换隐喻的位置就是替换论的运用。除此之外，亚里士多德认为以想用的规范表达（Proper Expression）代替隐喻能够达到不是隐喻的结果，他的观点也说明隐喻是可以被替代的，即隐喻可以有也可以没有。亚里士多德这一主张的理论基础是规范意义论，这一理论认为也可以不通过隐喻表达意义，存在原始具有规范意义的层次。隐喻虽然时常可有可无，而且很多时候无法用书面语言表达出来，但是隐喻研究的意义很重要，通过隐喻能够增加语言表达力。亚里士多德在隐喻研究中认为，隐喻只能用于诗歌领域，这一观点也影响了后世理论家对诗歌语言的划分，他将隐喻涉及的方式分成四类：第一类为类比；第二类为从种到属；第三类为从属到种；第四类为从甲种到乙种。四类隐喻中，前三类是简单的隐喻，而第四类隐喻与前三种相比较要更加复杂，但很多人都被第四类隐喻所吸引。

除了上述理论之外，隐喻研究涉及的理论还有隐喻语用理论，这一理论的代表人物为塞尔（Searl），他认为隐喻是一种间接性行为，通过间接的语言进行表达，同时也要表达直接的意思。与塞尔具有相似理论的人物还有格赖斯（Grice），他认为人与人之间的对话需要遵循一定的语言原则，主要包括数量、关联、质量和方式等四个方面。其中质量方面的原则是指对话要说真话，说话也要讲求证据，不能说没有任何根据的话。然而，隐喻是一种间接的语言行为，很多隐喻所表达的意思不是字面意思，所以隐喻违反了这一原则。与格赖斯和塞尔不同，科恩反对塞尔的理论，他认为隐喻是不遵循传统规则，有个性、语义不同的语言行为，他认为隐喻没有规范的语义特点，对于词语的实际意义可以进行一定的说明，而语义根据词语或者句子不同有不一样的特征，重要性也不同。科恩对于隐喻的研究抓住了隐喻语义理论的核心。

在隐喻研究理论中，冲突论也是一个广为人知的理论，这一理论的提出者为比尔兹利（Monroe Beardsley），这一理论是他在1958年发表的《美学》（Aesthetics）这篇文章中提出。他认为隐喻是自相矛盾的话语，隐喻使得语言有了自身冲突的特点，冲突论就是立足这一问题，即将隐喻冲突与语言的意义相融合，并且从语境中脱离。比尔兹利认为人们在互相交流的过程中，言语的使用有很多种不同的组合方式，能够通过一个事物意指另一件事物，而这些言语是自相矛盾的，具有冲突性特点，通过这一特点也能够看出隐喻自身的逻辑矛盾，隐喻的话语中包含直接逻辑或者是间接逻辑。运用隐喻的话语与正常的话语逻辑会有一些差异，其最大的特点是隐喻话语听起来不符合言语的使用规范，所以大多数人都会往这些话语更加深层次的意义去想。

与比尔兹利（Monroe Beardsley）的冲突论有一定关联的隐喻研究理论还有很多，比如约翰·伯格曼（Geoge Miller）的对比论。这一理论认为隐喻与话语主体是有一定相似性的，认为隐喻能够通过说明两个事物之间存在的相似性来阐明事物的意义。这一理论也主张隐喻是明喻的简化，比如，当人们被告知 A 事物是 B 事物时，绝大部分人都会认为 A 事物与 B 事物存在相似性之处。约翰的对比论虽然被很多学者所认可，但是这一理论也存在一些问题：一方面，两个事物具有相似性的对称特点，但是隐喻是没有对称性的；另一方面，隐喻很多时候的喻体不是实体，甚至有时候是龙凤等现实并不存在的事物。

伯爵麦克·科姆恩（Earl Mac Cormac）虽然并没有提出相关理论，但是他对张力论的观点发表了自身的看法。张力论主张通过两个无关事物的联系，消除存在的张力，从而使接受者身心愉悦，张力的消失也意味着隐喻与普通言语的融合。张力论有一定的理论基础，但是也存在一些不足，伯爵麦克就发现了张力论的不足之处，他认为张力论中的隐喻是一个错误，话语在使用的过程中会进行真假辨别，也就是说隐喻是有真假的，真假的辨别是需要经过使用才能得出结果的，但是人们对很多隐喻话语是不熟悉的，所以无法辨别隐喻的真假。

二、隐喻研究的认知科学进路

隐喻研究除了语言学方面的进路，还有认知科学方面的进路。随着专家学者对隐喻研究的不断深入，隐喻的认知研究不再像传统研究那样，仅仅局限于语言的形式，而是更加注重研究隐喻的意义。目前，隐喻研究的研究内容更多为意义场之间相互作用的研究，而相关理论是认知科学理论，主要包括相互作用理论、映射理论和合成空间理论。

随着学者对隐喻研究的不断深入挖掘，各种时代性的理论开始出现。在 20 世纪 30 年代，相互作用论由瑞恰慈（L. A. Richards）在《修辞哲学》中第一次提出，他认为隐喻的必须不仅仅是词语的字面意思那么简单，更多的是这一词语具有的综合特征意义。相互作用论也得到了很多学者的认可，其中，马克思·布莱克（Max Black）是这一理论的代表人物之一，他认为隐喻包含两个部分，一部分是词语本身的意思，称为隐喻的主项（Principal Subject）；另一部分是词语所处的语境，称为次项（Secondary Subject）。隐喻的主项部分是人们普遍都能够理解的，而对于隐喻词语而言，更为重要的是次项语境。在隐喻中，次项意义会以一定的象征性意义投射到主项上，主项与次项的结合才能组成完整的隐喻。在隐喻词语中，主项与次项会相互发生作用，形成一定的意义集合。相互作用理论的出现为隐喻研究提供了一定的理论基础，让隐喻研究能够更加完善，也在一定程度上推动了隐喻研究的深层次发展。但是相互作用理论也存在一些不足，一方面，相互作用理论认为隐喻由主项和次项两部分共同组成，二者缺一不可，但是需要关注的是，隐喻不仅仅是单项隐喻，还有复合隐喻。在复合隐喻中，对于主项与次项是否能够同时存在的问题，相互作用理论还不能够给予科学合理的解释。另外，在相互作用理论中，主项与次项是相互作用的。但是这一理论忽略了多种互相作用的情况也可能存在，接受者对相互作用的选择无法确定。另一方面，相互作用理论无法说明话语意义转换的过程原理，也无法解释相似性如何产生，主要原因在于这一理论的相互作用不太明显，缺少反作用，主要是框架（Frame）或者是喻体（Vehicle）对核心（Focus）或者是本体（Tenor）的单向作用，没有反向作用，而相互作用是双向或者多向的。

映射理论是由莱考夫（Lakoff）与约翰逊（Johnson）两位知名的认知语言学家共同提出的，这一理论遵循不变原则，即隐喻映射的前提是目标域的结构相同，而且源域的认知布局依然存在。在这一理论中，隐喻是抽象思维的主要认知手段，人们通过隐喻说明解释日常生活与工作中的抽象概念，运用抽象的思维将源域（Source Domain）中的框架映射到抽象的目标域（Target Drnnain）中。映射理论具有系统性、非完整性以及单向性特点。系统性是指源域的特征会映射到目标域上，认识越深入，隐喻的系统性越强，源域映射到目标域时会形成系统的语言表达方式；非完整性是指源域映射到目标域上只是部分映射，并不是完整映射，虽然使得话语的某些特征得以凸显，但是还有一些其他特征没有显现；单向性是指源域对目标域的单向映射，没有反向映射。

第四节　英汉语言文化的对比分析

一、英汉语言的一致性

一般情况，汉语这一母语都会影响人们对于英语的学习。而实际情况是，英汉两种语言在某些方面的相似性和一致性能够帮助人们加强对英语的理解和学习。其一致性主要体现在以下三个方面，即词类划分、句子要素和基本句型。

第一，相同的词类划分。实词和虚词两大类是英汉两种语言划分词汇的普遍方法。其中，名词、动词、副词、形容词、代词、数词等归结为实词。而介词、语气词、助词、连词等归结为虚词。在语法功能上，英汉两种语言也存在一定的相似性。

第二，相同的句子要素。英汉两种语言在句子结构上保持一致，都包含相同的大类，主语、谓语、宾语或表语、定语、状语。其中以主语和谓语的作用最为突出，英汉语言句子的主要结构框架，从本质来讲便是由主语、谓语两个成分构成，如“主语 + 谓语 + 宾语”就可以形成最简单的句子结构。例如：

（1）I like tea.（我喜欢茶）

（2）Their cells sell well.（他们的电池销量很好）

第三，相同的基本句型。在翻译英语时，英汉两个句子不仅在句子要素上保持一致性，而且具有相似的基本句型，主谓结构是两种句子主要的排列方式。尤其是商务文体和科技文章，其句子结构普遍相互对应。例如：

（1）According to the Joint Venture Law of China, a joint venture shall take the form of a limited liability company…（根据中国《合资企业法》，合资企业应该以有限责任公司的形式出现……）

（2）As requested in your letter of 15 July, we are enclosing our check for $500.00.（按照你方 7 月 15 日的来信要求，我方附上 500 美金的支票）

通过以上例子，可以看出译文结构和原文基本相同，只是为了遵循商务英语的翻译习惯，在个别用词上进行细微的调整。

二、英汉语言的差异性

（一）词汇层面的差异

站在词汇形态变化的角度上看，汉语基本没有这一说法，而英语词汇则具有多种形态，其变化主要体现在动词、名词、形容词和副词以及其他词汇等，如人称、语态、时态、语气、不定式等变化表现在动词上；修辞格和数量的变化表现在名词上；比较级、最高级的变化表现在形容词和副词上。同时，增加后缀也能改变词汇的意义。英语的语法关系通过这些变化也变得更加丰富和生动，逻辑关系也显得更加缜密。例如：

（1）I will accept your invitation.（我将要接受你的邀请）

（2）I have been working here for ten years.（我在这儿已经工作满十年了）

通过以上两个例子可以看出，汉语为了弥补像英语一样的词汇变化，将准确的意义表达出来，只能采用增加词语的办法，如“可能”“马上”等。值得一提的是，汉语实际意义的表达主要通过词语的顺序以及其所包含的逻辑关系来实现，而不是像英语一样采用词汇形态变化的方式。

（二）句法层面的差异

句子的陈述对象和主要部分是主语。施事者和受事者都可以通过主语来实现。不管是在英语还是汉语中，主语位置基本都处于句首，但也不排除特殊情况，特别是以物作为施事主体时，差异比较明显。不过用没有生命的事物作为施事主体的情况比较少见，因为其出现的可能主要是修辞的存在，主要可以分为三种状态，分别为无拟人化、拟人化和半拟人化。

1. 无拟人化

简单地说，无拟人化便是某些词语的拟人化色彩已经丧失，如动词“strike”“kill”“seize”“know”“find”“bring”等常出现在这类句子中。例如：

（1）A good idea suddenly strikes me.（我突然想到一个好主意）

（2）The house reminds me of my poor life.（看到那间房子，让我想起了贫穷的生活）

2. 半拟人化

半拟人化即某些句子淡化了拟人化色彩，处于中间的游离位置，主要结合“witness”“see”等用于表达某种经历。例如：

（1）History witnessed it all.（历史见证了这一切）

（2）The house saw more unhappiness.（很多不幸发生在这间房子里）

3. 拟人化

拟人化的修饰效果明显，采用此种手法的句子，能在生动形象地表达含义的同时，给人以联想。例如：

（1）A strange peace came over her when she was alone.（她独处时感到一种特殊的安宁）

（2）The company's name slips my mind.（我不知道这个公司的名字）

以上两个英文句子在拟人化手法的修饰下，整句显得更加生动、活泼。

总之，英文句子通过运用拟人化手法，不仅增加了句子的流畅度和结构严谨性，而且在表达上，使语气更加含蓄，同时具有幽默感。但汉语与之不同，注重以人作为主语，从另一个方面将汉语的表达习惯体现出来。

（三）表达语序层面的差异

英汉两种语言组织语句的顺序，包括安排句子和建构句子，两者既有差异，又有相似点，但在信息编辑的顺序上，二者的差异体现得比较明显。英语习惯将重要信息放在句首进行陈述，与其开门见山的习惯相符合；而汉语则习惯在句尾将最重要的信息表达出来。同时，相对于英语选择的两种语序，汉语则偏重于自然语序。关于英汉句子层面语序的差别，下面将从三个层面展开探讨。

1. 焦点与背景的先后差异

汉语习惯背景在前，焦点在后，英语则与之相反。背景是指事件的发生背景，如时间、地点、细节和与事件相关的其他因素，都是非重点信息。而信息的焦点则可以用前景来理解，所以英美人排序句子时，习惯焦点在前，背景在后，也就是在句首就将重要信息表达出来。例如：

It was a great disappointment when I had to postpone the visit which I had intended to pay to China in January.（我原来打算一月份访问中国，后来不得不推迟，这使我深感失望）

上文例句中的焦点是“感到失望”，所以英美人表达时，将其放在句首，然后再将“感到失望”的原因、时间、地点等相关因素予以说明。但经过翻译，用汉语表达时，则恰恰相反，逻辑是先分析经由，然后再由原因引出结论。由此可见，英汉语言对于原因和结论的阐述方式，差异显而易见。

2. 原因与结果的先后差异

英语在表达时，一般将结果放在原因的前面，而汉语则恰好相反。英语主要通过复合句的形式将因果关系体现出来。其实，英语对于因果排列的先后顺序均有对应的句子，但站在整体的角度来看，英美人表达的顺序是结果在前，原因在后，也许是他们更注重事情的结果，而非原因或过程。例如：

It is a good thing that we have reached an agreement on the price.（我们能够在价格上达成一致是一件非常好的事情）

通过以上句子可以看出，英美人在句首便说出信息的重点，但翻译成中文时，句子的语序顺序被调整，在句末才将重点信息表达出来，与中文的习惯相契合，即原因在前，结果在后。

3. 表态和叙事的先后差异

英语与汉语不同，一般将表态放在叙事的前面，但句子中同时存在表态和叙事两种成分时，先表态是英语常用的表达方式，然后再开始叙事。但表态的篇幅相对于叙事的部分来说，会少很多，其中是展现叙事的部分。例如：

It is regrettable that the aggressive market strategy of Japanese colleagues and their apprentices in Korea has resulted in destructive price erosion for consumer electronics goods.（我们的日本同行和他们的韩国“徒弟们”以其野心勃勃的市场战略破坏性地降低了民用电子产品的价格，这是令人感到遗憾的）

以上例子说明，英语国家习惯将个人的态度、观点和结论先表达出来，然后再陈述事实和理由，因为其认为观点和结论等是最重要的部分，从而其结构呈现出头短尾长的形式。同时，需要注意的是，英语为了更好地表达出表态在前、叙事在后，“It is…to…”的形式常常被采用。

汉语的句子通常先叙事，后表态，而且在表态前，叙事部分一般都已经叙述得很清楚，其原因在于汉语国家人们的思维方式和表达习惯，先铺垫，然后得出结论，而叙事的作用便是铺垫。

（四）语态使用的差异

被动结构是英语常用的表达形式，特别是被广泛应用于信息性强、文体性要求的商务文件中，而汉语则不同，被动意义的表达与句子是否是被动结构无关。而且，在用汉语翻译英语时，主动结构才是最佳的表达方式。例如：

This problem should be resolved in good time.（这个问题要及时加以解决）

而将汉语翻译成英语时，翻译的过程中要将隐藏在汉语中的被动形式表现出来。例如：

This contract should be paid enough attention to.（这份合约应该予以足够的重视）

（五）语言修辞手法的差异

最常见的修辞手法是比喻。因此，以下将重点探讨和比较中西文化对于此种修辞的应用。

1. 汉语比喻

“打比方”是比喻的另一个叫法，是指用不同事物的相似点来进行对比，将所要表现的事物通过对其他事物的描述展现出来。比喻的完成需要满足两点：一是三个成分，二是两个条件。

第一，三个成分，即本体、喻体和连接二者的词。本体是指所要表达的事物；喻体是借用来打比方的其他事物；“像”“若”“比作”等词则是连接二者的纽带。

第二，两个条件。本体和喻体具有相似或相同点，且不同质。一般而言，喻体不像主体那么抽象，相对比较具体。

2. 英语比喻

比喻这一修辞格，在英语中使用非常广泛，并且最为常见。比喻就是借助一种相似的事物来表达对另一种事物的看法和评价等。比喻不仅升华了语言的艺术感，而且使语言的表达更富诗情画意，完美地结合了语言的信息功能和美学功能。不管是在口语中还是文艺作品中，比喻这一修辞方式经常出现。其功能主要体现在两个方面：一方面是使语言的表达言简意赅并且生动形象；另一方面是提升语言的具体性和鲜明性，加深倾听者的理解和感受。采用比喻这一修辞手法，能够刻画出更加生动、具体的人物形象，描绘出更加突出、独具特色的景观或事物，表达出更加深刻、令人信服的道理。

三、英汉文化的差异

英汉文化的差异表现如图 2-2 所示。

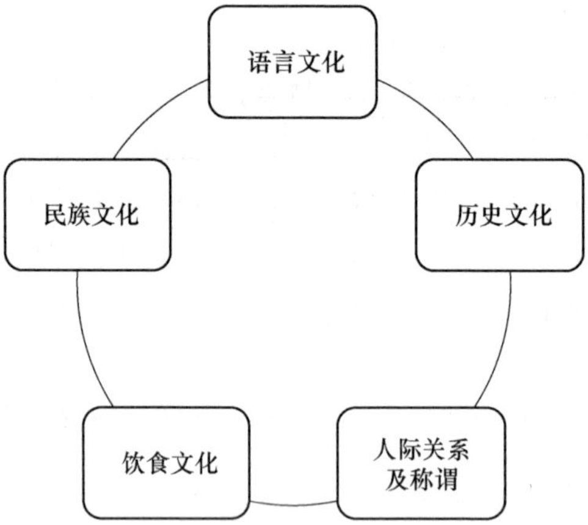

图 2-2　英汉文化的差异表现

（一）语言文化差异

文化的内涵和传承离不开语言这一载体。在思维方式和历史底蕴以及价值观上，不同的民族都存在着一定的差异。文学翻译是艺术实践和跨文化行为的双重结合，而实现不同文化之间相互理解的方式之一便是跨文化交际，这就要求人们在翻译时，要加强对各国文化的认识和理解，将各国文化的规范和独特性体现出来。如果只注重字面意思，忽略文化的内涵和差异性，则会产生误会和不必要的误解。我国丰富的文化内涵常被赋予文学作品中，不管是东方文化还是西方文化，均存在大量文化形象，独特而具体。这些图像反映出的心理结构也各不相同，包括文化差异、价值观、发展历程、历史沉淀和自然环境等。而且，即使情绪相同，由于文化不同，其隐喻也各不相同。

中国人对于极具悲伤心情的形容，常用“肝肠寸断”“愁肠百结”来表达。但西方读者对于上述两个成语的理解，除了惊悚之外就是恐怖，而与心情没有任何关联。同样，明月在中国寓意团圆、美满，尤其容易勾起外乡人的思乡之情。中国文学作品中有很多脍炙人口的佳句都是出自对明月的描写。如“床前明月光，疑是地上霜。举头望明月，低头思故乡”（出自《静夜思》），由唐代诗人李白所写；再如“露从今夜白，月是故乡明”（出自《月夜忆舍弟》），由诗人杜甫所作。而在西方人眼中，月亮也就是月亮，没有包含中国故乡情结的寓意。

（二）历史文化差异

翻译颜色时，各民族基于不同的历史文化，赋予颜色的寓意和内涵也有所不同。

如在中国传统文化中，颜色“红”是幸福、快乐的象征。红星（Red Star）和红日（Red Sun）有着积极、进步、光明的寓意。中西文化内涵在这一点上不谋而合，几乎相同，即红色节日象征着喜庆、快乐和高兴。而差异性在于，“红”在西方文化中，一方面可以代表“节日”的“喜庆”和“幸福”，另一方面也可以象征着“暴力、危险和流血”。

（三）人际关系及称谓差异

中西方文化的差异也体现在人际关系和称谓两个方面。中华民族历史悠久，文化底蕴深厚，具有很多优良品质，谦虚便是其中之一。同时，由于封建思想对中国人民的影响深刻，中国人比较重视家族观念，如男女、长幼、主仆之间的习惯性称谓，不仅存在于家庭观念中，也存在于社会中。尊卑、亲疏是中国称谓系统的一部分，所以汉语中对自己的称呼常常采用一些自谦词，如鄙人（My Humble Self）、拙见（My Humble Opinion）等，以表达对他人的褒扬和对自己的贬低；而称呼别人时，则用贵姓（Your Family Name）等表达谦恭。而译者翻译这些饱含中国文化特色和寓意的词语时，其译入语文本往往存在文化理解的偏差或文化缺失的现象。而西方文化却不同，亲属关系没有那么严谨，称谓相对于中国来说，也显得更加简单，有时甚至可以互相直呼其名，当然这些都离不开西方文化的熏陶和引导，尤其是其追求的平等、自由和个人独立文化，因此，英语中基本找不到汉语中关于亲属关系称呼的词语，如“长辈”“晚辈”等。其用一个词“Uncle”，将汉语中包含的叔、伯、舅、姑父、姨夫等词语全部概括进来。

（四）饮食文化差异

饮食与文化密不可分，不同的民族，饮食习惯也明显不同。因此，民族的观念、意识和文化也可以通过饮食习惯反映出来。中国与西方国家在饮食方面有着显著差异，包括饮食认识、饮食内容和饮食特点等。

1. 中西方饮食观念差异

以下分别介绍中西方的饮食观念：

（1）中国的泛食主义。对于中国来说，饮食是文化的反映，通过饮食将人们的心理状态和情感以及对食物认知和健康的追求表达出来，既能将其社会意义变得更加深刻，也能够调节人们的社会心理。“泛食主义”的文化倾向来源于“民以食为天”的观念，该文化倾向得到了我国大多数学者的认可。中西方人思维方式和哲学观念的差异，使饮食文化存在差异，而饮食文化的差异使中西方文化产生差异。如“天人合一”是中国人注重的方面，而“以人为本”则是西方人所强调的方面。以食表意，以物传情的中餐特点则来源于中国人的此种观念，因此，在食物方面，色、香、味、意、形是中国人所注重的内容，而食物的营养却没有重点关注。这也符合中国的哲学理念，注重宏观的把控，但又显得模糊，是对美的追求，是意境的体现，而非理性思维的判断。也就是说，食物追求代表一种“意境”，难以用语言来形容。在中国人眼中，烹饪的目的不只是为了满足吃和生存需要，而是艺术创造过程，并且与其他艺术没有区别，具有无穷的欢乐与吸引力。

（2）西方的实用主义。西方人对于食物的追求，始终以实用性优先，关注食物的营养和对人体健康的影响，而并不在意食物的花样和其他功能。西方人的观念是，人体就像一个生物机器，吃便是为了保证机器正常运转而添加燃料的行为，也就是使身体保持健康，不让疾病有可乘之机。因此，对于西方人来说，吃的作用仅仅是为了维持生命。而在交际方面，请客吃饭的意义在于：感谢提供服务的人员；为交易的达成而庆祝；为获取他人的帮助或客户的信任；为收集相关信息或情报等。对于人类来说，吃固然重要，但相对中国的饮食文化来说，西方过于简单，缺乏全面性和重要性，仅仅停留于简单的交流和交际上。

2. 中西方烹饪方式差异

以下分别介绍中西方的烹饪方式。

（1）中国烹饪方式。一般而言，中餐的烹饪，每一道菜都离不开主料、辅料和调料，以及与之相对应的烹饪方法。当然，对于客户提出的明确要求，厨师也会按需求来进行适当调整。同时，关于火候和时间等要素的精准控制也是中餐烹饪过程中至关重要的一点。而西方人则以西餐为主，并认为西餐的菜谱具有合理性和科学性，因此即使在买菜时，也要带着菜谱作为参考，并以此为依据进行烹饪，缺乏灵活性和变通性。

中餐的烹饪十分讲究对艺术的追求。虽然烹饪方法变化无穷，但依旧能从中找出科学的方法和原理。中国土地面积广阔，物种丰富，就近取材是各地菜肴常用的方式，因此，菜系上也形成各种各样的风格，而“八大菜系”最为有名。同时，厨师还会根据气候的差异来调整烹饪所需的调料，使口味呈现出细微的不同。如川渝地区，以麻辣的口感来对抗湿热的气候，在刺激胃口的同时，帮助人们将体内的湿热更好地散发出来，促进身体的健康成长。

（2）西方烹饪方式。相比较于中餐，西餐在烹饪方面就显得简单而潦草。烤、炸、煎是其常用的烹饪方式，食材的种类方面也比较贫乏，而且烹制的过程中，常见几种食材混在一起。因为西方对于食物的烹制，注重的不是对艺术的追求，而是如何更好地保持食物的营养。并且，西方国家为了使学生的营养供给更加充分和科学，许多小学和中学都配备了营养师，而中国则基本没有。

中国很少提及营养师这一职业。不管是普通的餐饮还是高级的宴席，都很少考虑这一方面。中餐里，食物的营养这一概念基本是模糊的，其判断和理解并非来自理性，而是感性和经验的积累。

3. 中西方食材差异

以下分别介绍中西方的食材。

（1）中国的食材。中国以种植业为主，农业占据重要地位，即使到了现代，中国人的饮食特点也会使粮食的需求随着人口的增加而不断扩大。农作物作为中国人的主要饮食对象，由饮食结构来决定。中餐的典型结构是主食通常为植物性作物，辅食为蔬菜，肉类相对比重较小。具体来说，五谷杂粮便是中餐最主要的食材。同时，人们对于饮食健康的重视程度也随着社会经济的发展而不断上升，多素少荤的爱好也带动了蔬菜比例的持续上升。此外，在蛋白质方面，中国以豆制品弥补肉类的不足，保证饮食结构的合理性和科学性。另外，中国人对吃什么补什么这一说话，普遍持认可态度，因此饮食对象，不仅范围广，而且种类多，不仅有作为主食的农作物，还包含其他很多方面，如动物的内脏、鱼翅、燕窝等。中国人的饮食简直可以用包罗万象来形容。

（2）西方的饮食对象。西方国家的地理位置和民族特征决定了其食物的主要来源，如渔猎、畜牧等，因此，肉类是西餐的主要食材。相较于中餐，西餐的食材种类少，品种缺乏。对于吃比较讲究或存在诸多禁忌是其中一个原因，如相对于中国大部分人爱吃动物内脏，西方人则认为动物内脏既不干净，还会影响身体健康，所以动物内脏绝不会出现在他们的食物当中。同样，虽然蔬菜的比重随着社会的发展和种植业规模的扩大而不断增加，但肉食依然在西方人的饮食结构中占据重要地位，且其比重高于中餐。

（五）民族文化差异

关于对待动物和植物的态度、情感和联想，不同种族有着不同的看法。汉语中的部分词语被赋予感情色彩，如夸奖、好恶、伤感等，英语也不例外。同一动物因为文化的不同，其象征意义和语用意义也不相同，如“龙”这一动物，在西方代表着死亡和黑暗；而在中国，则是尊贵的象征，比如古代皇帝的龙袍，穿上它，可以随心所欲地去做想做的事，内涵鲜明而丰富，又如，中国人称自己为“龙的传人”等。但是，如果“望子成龙”是“To hope one’s son will become a dragon”，就会让西方读者产生误会，认为对孩子未来的期望是成为凶猛或邪恶的人。

西方人心目中的狗（Dog）是忠实的象征，有着非常重要的地位，如“Love me，love my dog”（爱屋及乌），“Every dog has its day”（人人都有得意时）。但在中文当中，“狗”却代表的是不怎么好的词语，如“痛打落水狗”（Beat soundly the bad person who is down）等。对于“乌龟”一词的认识，中西方文化也有所不同，西方文化的含义比较简单，即行动缓慢的代表。而乌龟（Turtle）的含义在中国文化里，却褒贬共存，具有双面性，即：

（1）褒义：长寿的象征，如海龟，寿命最长的动物，并且得到人们的公认。同时，“千年龟”是我国民间普遍流传的说法。

（2）贬义：部分词语会让人们与不好的事物产生联想，如龟孙、缩头乌龟等。

中国文化将丰富的象征意义赋予很多看似平淡无奇的植物身上。梅、竹、松不仅是中国传统文化中的“岁寒三友”，而且有着不同的象征意义，如直面困难、雪中绽放、谦虚诚恳、顽强不屈等。同时，还有传达相思之情的“红豆”、寓意品德高尚的“兰”等，都将中国的传统文化深藏于其中，并通过各种寓意将其表达出来。英语中也常见这种比喻方式，如对于私下勾当或偷偷摸摸的行为，常用“under the rose”（玫瑰丛下）来比喻；对于故意贬低得不到的事物的比喻，一般使用“sour grapes”（酸葡萄）一词；对于因禁止而更想得到的东西或存在非分之想的比喻，通常用“forbidden fruit”（禁果）来形容，这些词语不仅具有丰富的联想意义，而且充分地展现了中英文的文化内涵。

源语言文化是异化的基础，译语言文化是归化的基础，二者既相互对立，又互为补充。因此，翻译时，要将其进行有效结合。由于中西文化的差异，读者的理解难免存在差异。如果将文化语言盲目融合，可能破坏原始文化或丧失原始文化；同时，如果文化移植的归宿来自语言文化，则可能难以全面掌控翻译，对交流产生影响。因此，要使原作得到真实、生动的反馈和再现，在文化移植的异化和创造性叛逆组合的过程，只有找准翻译目的和区分读者群体，并以此为衡量标准，才能得以实现。同时，文化调节也是一种方式，可以用其来取代异化和归化这一策略，但采用此种方式很难避免出现文化的损失。

第三章　英汉时空隐喻的认知对比

作为一种语言现象，隐喻反映了人类的思维活动方式，是人类的认知现象。隐喻用某一领域内已知的经验去解释或理解另一领域内某一经验，其认知行为能够反映出人类的思维方式，隐喻性特征存在其中。本章英汉时间隐喻化认知对比，英汉空间隐喻化认知对比进行论述。

第一节　英汉时间隐喻的认知对比

从认知语言学的角度看，人类之所以会产生隐喻化认知行为，是由于人类思维能力的限制所致，也是语言发展过程中的必然现象。由于认知水平的限制必须要通过已知事物来对新事物进行解释加以理解，在现有语言中不存在的事物也需要通过已有词汇描述。从辩证唯物主义的角度看，事件是存在于时间和空间交织的点，无论物体如何运动，总是处于某一个时间和空间点，人们与生俱来的空间感知能力有赖于视觉系统，属于无意识能力。

无论使用哪种语言，生活在什么样的环境下，人类认知能力和思维过程的差异很小，对于客观存在事物的理解和生存经验也具有一定的相似性，因此汉语与英语都存在相似的时间隐喻认知。但时间隐喻化认知依然会因传统习俗、文化理念、价值信仰、生活经历的不同而有所差异，再加上语言世界观的英汉差异，时间隐喻的不同点更为凸显。

时间隐喻是用非时间的概念解释时间概念，将不同的始源域投射到时间这一目标域中所产生的隐喻。无实物的时间较空间而言难以被人们感知到，不能直接用器官感知，人类只能借助其他事物对时间进行认知，其中就包括隐喻方式，时间隐喻认知由此产生。将时间作为目标域，始源域可能是事物、空间、运动方位等，许多各不相同的时间隐喻因此产生。

一、英汉时间与空间隐喻的认知对比

辩证唯物主义的时间和空间理论认为：任何事物都存在于时间和空间中的某一点，时空是其存在的基本形式。因此对客观事物进行认知时离不开时间和空间

的词汇，与人交流，特别是语言交流时更是如此。在日常的语境中，时间和空间的重要性有差异，但在人类的交际活动中二者缺一不可。

对于具体的事物，人类的认知难度较低，能够直接通过感官体会。但时间作为抽象的概念认识难度较高，人类习惯先从具体的事物入手进行理解和定义，因此对空间的认识应该早于时间，这从人类个体及整个人类发展史上得到了印证。人类个体从童年时期开始就出现对于空间和时间认知的先后差异，对语言的学习一般是从空间开始，时间词汇相对较少且滞后，对空间的优先认知使空间在人的概念中占据重要地位，空间概念成为其他概念认知的基础。人们习惯通过空间概念去认知陌生的复杂的概念，因此空间隐喻化认知是人们认识世界的重要手段，对于其他概念的形成十分重要。

可以说空间概念是时间概念的基础，空间的隐喻解释了空间。人类语言几乎都是以空间为基础对时间进行定义，在时间隐喻中占据着重要地位，是最基础的部分。认知语言学关于人类语言有如下论断，在时间概念的定义上使用空间概念，并且具有系统性，是人类语言或者说人类思维的普遍特性。

（一）英汉时间与空间隐喻的认知特点

隐喻从某种程度上说是一种投射，即从某一概念域投射到另一概念域，投射发出的概念域称为始源域，投射到达概念域称为目标域。隐喻的投射具有以下特点：

（1）单向性。投射只能从始源域向目标域投射，不能反向投射。

（2）部分性。投射会选取始源域的部分所需结构，并不是始源域所有内容。

（3）恒定性。投射从起始到投射完成，其拓扑结构是固定的，并且始终恒定，也就是投射到目标域中的概念结构与原来存在于始源域的概念结构相比，没有发生改变❶。

汉语与英语的空间隐喻特点基于以上内容，有如下表现。

1. 时间隐喻的一维性

时间线不具有二维属性，时间词汇包括远古、上古、长期、近期、短期、上个月、下个月等，在汉语和英语中是一致的，都呈现远近的单一维度，并不存在空间上的宽窄之分。由此可见，时间的空间隐喻从空间始源域中只选取了一维结构部分。空间的一维结构中也只有前后，没有左右，这是由于时间的方向性特征，前后对其有适用性，但具有对称意义的左右不符合时间特征。

2. 隐喻映射方式

时间是沿直线运动的，将时间运动假想为在一个坐标图中。纵向运动即为

❶ 王珂，李晓艳. 英汉隐喻认知对比研究［M］. 成都：四川大学出版社，2017.

“上、下”，横向运动即为“前、后”。时间的运动具有相对性，隐喻就是带动时间运动的轴，时间从过去到现在到将来。在轴上，时间是从将来向过去移动，即为人们站在原地迎接将来的到来；也可以将这种运动放在认知主体身上，即为人们沿着时间轴从现在走向未来。两种隐喻在语言上有不同的体现：

（1）隐喻之“时间在动”。其是将认知主题放在固定的位置，将时间视为运动的，时间的先后顺序为：处于落后处的时间是处于领先处时间的未来，他们面向认知主体运动，到达认知主体时就成为时间概念中的现在。需要注意的是，时间对于认知主体来说是有速度概念的。“时间在动”的隐喻在汉语和英语中形成了相应词汇，如汉语“过”“来”“到”“之前”“来临”等，英语“the following day”和“the coming year”等。

表示“将来”的语句有：

1）Coming up in the weeks ahead..., in the following days.

2）The day after tomorrow, the coming year.

3）Next week and the week following the...

4）The deadline is approaching.

5）The time will come when...

6）将来/未来/来日/来世/来年/来生/来临/以后/后天。

表示现在的语句有：

1）at present, at the moment.

2）现在/现时。

表示过去的语句有：

1）in past years, to recall, to review.

2）The year went by quickly.

3）The time has long since gone when…

4）去年/往年/回顾/回首/回忆追忆/追思/追溯/前天/前年/以前

由此可见，汉语和英语的时间表现形式都存在先后性和流动性，即“时间在动”，因此这一隐喻方式成为中国和英语国家对“未来在过去之前”隐喻概念构建的基础。

（2）隐喻之“认知主体在动”，是将时间视为固定事物，将认知主体作为运动体。隐喻的前提是将时间也视为一个区域，与空间一样有边界，如此一来就能度量特定时间与认知主体的距离。汉语中相关词汇有“以后”“前途”等，英语里的“We're coming up on Christmas”“Thanksgiving is coming up on us”，是指未来的时间，二者隐喻方式有所不同，前者认知主体在动，后者时间在动。同一语言中，两种隐喻方式共存的情况是存在的。“时间在动”是中国人更喜欢的隐喻方式，“自己在动”是英美人更喜欢的隐喻方式，对于两种语言来说也有不同的影响，例如汉语中有一些英语没有的词汇“前天”“后天”“大前天”“大后天”等。不同的语言选择了不同的认知方式，即不同的隐喻映射方式来认知同样的现象。

（二）英汉“前”“后”的时间隐喻

由于中国文化的影响，母语为汉语的民族习惯面向过去，更在意传统，受传统思想的影响较大，比如“过去在未来之前”的隐喻概念就体现了这一特点。前后范畴的时间隐喻有许多例子体现出汉语民族的特点，比如“前无古人”“后无来者”“前赴后继”“史无前例”“后继有人”“前车之鉴”“空前绝后”“后起之秀”“以前”“今后”等。这些词汇都体现了时间的先后，通过空间的方位感来实现。作为母语很难被使用者察觉到其中的隐喻性，但隐喻的方式已经深入人心，这种独特隐喻方式下的思维模式也成为语言使用者的习惯，进而影响到隐喻化行为的出现。

汉语中也存在冲突的隐喻结构，如“前途无量”“回首往事”等词汇。其中，隐喻有不同的表达方式，两种不同的隐喻概念代表了不同的价值观念。不同的价值观念能够存在于同一个社会中，但地位有所区别，有主流文化和亚文化之分。以汉语文化来讲，主流文化是过去取向的价值观念，较未来取向而言具有更大的影响力。能够印证此判断的是汉语词汇占比，从权威汉语词汇书籍中的词条来看，具有“过去在未来之前”隐喻概念的词汇量占有绝对优势，也能证明主流文化与语言隐喻认知的相关性。

英语文化与汉语文化有显著不同，更为注重逻辑思维。宇宙观也是如此，更注重理性，因此对自然界有更强的征服欲。因此英语文化中，人们对于知识和创新的探索欲望更为强烈。

英语文化的人们更倾向于未来的时间取向，与汉语文化相反，时间隐喻概念在前后方位中表现为“未来在过去之前”。请看下面一些英语表达式：

（1）From this time forward I will work harder.（从现在起我会更加努力地工作）

（2）I look forward to your reply.（我期待你的答复）

（3）A new life lay ahead of him.（一个新的生活摆在他面前）

（4）In the weeks ahead of us we will negotlate with them.（在接下来的几个星期里，我们将与他们谈判）

（5）That's all behind us now.（现在一切都过去了）

（6）Let's meet the future head-on.（让我们面对未来吧）

（7）Before you leave, please close the door.（在你离开之前，请把门关上）

由以上语句可以看出，带有“前”方位的词是用于表达未来将要发生的事，而“后”方位的词则用于表达过去已经发生的事。但这种现象并不绝对，英语中也有许多与此有冲突的表达方式，例如：

(1) In the preceding week we studied Lesson One.（上星期我们学习了第一课）

(2) This week we study Lesson Two.（本周我们学习第二课）

(3) In the following week, we will study Lesson Three.（在接下来的一周，我们将学习第三课）

以上例句从字面上看似乎是过去位于未来之前的空间组成方式，但根据英语的语法来分析，这其实是带给人的错觉。从以下时间表达式上可以对此进行推断"tomorrow""today""yesterday""the day after tomorrow""the day before yesterday"等，均为英语中常用的表达方式。

（三）英汉"上""下"的时间隐喻

汉语中时间隐喻常见纵向空间词汇"上""下"。一般"上"用于表达较早的时间，如"上周""上个月""上半年"等；"下"则用于表达较晚的时间，如"下周""下个月""下半年"等。汉语中这一概念可以根据太阳的动向来概括，一天始于晨，太阳开始升起时时间较早，中午到达最高点，这段时间称为"上午"；过了最高点太阳开始下落直至消失在地平线，此期间称为"下午"。明确地表达出"上"为早、"下"为晚的概念，成为代表性的空间隐喻。

汉语"上""下"的隐喻与传统礼法也有关。对于祖先的敬仰和尊崇是中国文化的特征，出于尊重，会在称呼祖先或非常尊重的对象时用"上"，如"上祖""上师"等❶。

说回到时间，汉语中会将时间的前后与上下相对照，以现在时间为参照，有以下说法：

(1) 上星期——下星期；上个月——下个月。上一季度——下一季度；上世纪——下世纪；上次——下次；上回——下回。例中的时间参照点是"现在""上"表示过去的时间，时间参照点一定是"现在"。

(2) 上午——下午，上旬——下旬，上半月——下半月，上半年——下半年。以上列举的例子中，将时间划分为几个部分，"上"代表时序在前的部分，"下"则代表时序在后的部分，如所划分的时间段为两个，两个部分互为参照，或将中间点作为参照；若所划分的时间段为三个，会在"上""下"之间出现"中"，如中旬、中午等，此时"中"就是参照。因此"上""下"可以作为过去和未来的代表。

汉语中使用"上""下"来指代时间，是将空间中的高低部分结构投射到时

---

❶ 杨洋，夏日光. 英汉时间的空间隐喻化认知对比研究［J］. 青海大学学报（自然科学版），2011，29（03）：81-84，98.

间概念上。处在高处的是较早的时间，也可以说是前面的时间；处在低处的就是较晚的时间，即未来的时间。由此看来，时间是有高度差的，时间的高度差通过空间隐喻的上下之别来体现。

汉语文化中，尊崇过去的事物源于对过去的人、事物、经验的学习欲望，此种过去的取向促使上为尊的概念形成，因此汉民族有过去为上的上下方位时间范畴说明方式，这种隐喻概念对于汉语时间表达式有重要影响。

英语文化中，时间概念的上下对应词汇是有变化的，英语中的“on”“in”“at”都对应汉语中的上、下，此外“befor”“after”也同样可与“上”“下”对应。虽然对应的单词较多，但相关的时间介词不多，“up to”“down to”字面上与“上”“下”对应，但却极少指代时间，例如：

（1）From this day, I will give up smaking/Time marches on.（从今天起，我将放弃斯马金/时间到了继续前进）

（2）From adolescence upward he was interested in music.（从青春期起他就对音乐感兴趣）

（3）Up to her age of twenty, she lived with her parents.（直到二十岁，她一直和父母住在一起）

（4）Up to now I've never met him.（到现在为止我还没见过他）

（5）Up to Christmas she had been busy.（到圣诞节为止，她一直是个废物）

（6）This cust om continued down to recent times.（这个客户一直持续到最近）

英语文化对于时间运动的理解与自然界息息相关。“下”为始，“上”为终，分别代表着过去和将来，这来源于客观世界的生长规律，万物皆是由小开始，逐渐生长变大，由低处而来，逐渐成长到高处。这种时间隐喻概念促使英语文化中“未来在过去之上”的思维方式形成。

二、英汉时间的本体隐喻化认知对比

（一）本体隐喻化认知的特点

人类在表达或者理解比较抽象的概念和不能准确定义的经验时，会采用另一类隐喻——本体隐喻。本体隐喻是人类将抽象概念理解为“离散性的实体”，此种表达方式是以人类对物体的经验为基础，这种经验属于很基本且直观的经验。因此本体隐喻可以高效率地帮助人们理解或表达类似心理活动、感觉、性格、情感、行为等比较抽象的概念。例如：

（1）It will take a lot of patience to finish the book.（读完这本书需要很大的耐心）

（2）Give me time and I will pay.（给我点时间，我会付钱的）

（3）I need time to rest.（我需要时间休息）

（4） Today, my brain is rusty. It's not easy to use.（今天我的脑筋生锈了，不好用）

（5） Her character is fragile.（她的性格很脆弱）

（6） Time seems to be still.（时间好像静止不动了）

（7） It's hard to pass the time.（不好打发时间）

最典型和具有代表性的本体隐喻是容器隐喻。生活中，人类通过视觉、听觉和触觉将有界限或者没有任何界限的物理空间赋予界限，界限范围内的都被当成是各种容器，若把这一容器概念映射到更为抽象的领域，就形成了各种容器隐喻。如人体是一个容器，皮肤即为物理界限；学校是一个容器，位置、名称即为被赋予的界限。由于日常生活中此种容器无所不在，因此容器隐喻是最普遍、应用最广泛的隐喻模型。

另外，拟人也是比较明显的本体隐喻。通过把事物人格化，以达到更直观生动地表达或者感受其他事物的目的。在生活中，通货膨胀率本体隐喻化后，有如下说法：

（1） 通货膨胀催生了一代有钱人。

（2） Inflation has robbed me of my savings.

（3） 通货膨胀把我们逼入困境。

通过容器隐喻和拟人的组合利用，人类可以对时间进行本体隐喻化认知。

（二） 英汉时间的容器隐喻认知

英汉两民族在认识世界的过程中，发现很多事物都有明确的物理界限，可以称之为容器，如人体、房子、车子、锅碗瓢盆等。边界内属于容器内部，边界外即不属于这一容器，这些有关容器的基础性认知为后来人们将容器概念与时间概念联系在一起奠定了基础。基于两个民族在文化方面，一方面具有差不多水平的联想力和认知力；另一方面具有对世界基本相同的认识水平，因此文化相似性导致相同的隐喻思维和隐喻认知：他们不约而同地将时间概念与容器概念联系起来，并组合利用形成对时间的本体化认知；在使用时间时，两个民族都将时间按照标准划分为很多单元，每个单元均有起止点，如同容器的界限。如此就出现了时间的容器隐喻认知。

在英语中，有许多时间是容器的隐喻，例如：

（1） I have finished the book within three days.（我在三天之内读完了这本书）

（2） In his holiday times he earned a lot of money.（他度假时挣了很多钱）

（3） He filled in the time of waiting by reading a magazine.（他通过看杂志来填补等待的时间）

（4） In his time he was the world's greatest boxer.（在他那个时代，他是世界上

最伟大的拳击手)

在汉语中，也有许多时间是容器的隐喻，例如：

(1) 二十年之内，一定要完成南水北调的工程。

(2) 马上要进入新的世纪了。

(3) 过去一年里，发生了太多的事情。

(4) 在这期间，你不许外出。

(5) 他沉浸在过去的美好时光之中。

英汉两个民族通过用容器经验来说明时间经验域，丰富了对时间范畴的隐喻认知和隐喻语言形式。

(三) 英汉时间的拟人化隐喻认知

随着人与自然和人与社会相互作用的更广泛更深入，英汉两个民族还发现，时间除了与自然界物体具有相似的容器特征外，其似乎还有自己的思维、感情、判断和力量，如人一样具有鲜活的生命，就如珍惜时间和浪费时间，得到的是时间不同的馈赠——丰硕的成果或者一无所有。基于如此共同的认知，英汉两民族均将时间进行拟人化隐喻。

在英语中有这样的例子：

(1) Time and tide wait for no man.(岁月不待人)

(2) Time will show (tell).(时间会显示出来的)

(3) Time works great changes.(时间会带来巨大的变化)

(4) We must catch/take time by the fore lock.(我们必须抓紧船闸)

汉语中也有许多时间是人的隐喻，如：

(1) 时光催人老，岁月不饶人。

(2) 十年的时间，将一个满怀壮志的青年变成了一个谨小慎微的中年人了。

(3) 时间会告诉我们一切的。

(4) 时间好像在和我们开玩笑。

(5) 时间会把懒人的心愿偷个精光。

虽然英汉两种文化中拟人化隐喻有许多相似之处，但是由于两个民族的文化差异，两族人民在具体的隐喻形式、表达式方面还是存在不少差异，同时也存在自己特有的隐喻方式。

如在隐喻形式方面，对于“时间使所有人变老”的表达方式，两个民族截然不同。汉语民族用“岁月不饶人”表达，“不饶”暗示时间是一个无情的“人”，但“人”的感性形象却不得而知；英语民族用“That tyrant, time!”来表达相似的含义，但“tyrant”使人立刻联想到时间是专横无情的，也使时间的形象更加生动具体。

此外，在表达式方面，两个民族也截然不同。汉语为动词性隐喻，如“时间不饶人”中的“饶”；英语为名词性隐喻，如“That tyrant，time!”中的“tyrant”。

另外，两个民族特有的隐喻方式也比较经典。如对于“时间不恰当或时间不利”的表达，汉语文化中直接用“时间不巧”“时间不利”来表述，不做拟人化隐喻；但在英语文化中，人们会用“关节脱位的人”来做隐喻。再则，在中国传统文化中，时间和流水是一对比较固定的隐喻意象，基于时间和流水都具备绵延不绝、匆匆逝去的特性，因此不但可以将时间比作流水，也可以将用于流水的一些词语用来描述时间。如：

（1）任时光匆匆流去。

（2）这更给人一种时光倒流的感觉。

（3）柔肠百转度流光。

（4）似水流年。

（5）随着时光的流逝，她们已渐渐忘了当年的恩恩怨怨。

三、英汉时间的结构隐喻化认知对比

（一）结构隐喻认知的特征

结构隐喻是通过一个概念来建构另一个概念，两个概念的认知域不同，但它们的结构一致，即结构隐喻意味着一个概念是以另一个概念为基础而构建隐喻。例如，“商场如战场”隐喻说明商场的复杂残酷；“时间是金钱”隐喻说明时间的重要及有限；“世界是舞台”隐喻说明世界的精彩；“论争是战争”隐喻说明其方法和结果。“战场”“金钱”“舞台”“战争”各自都可视为来源域，而“商场”“时间”“世界”“论争”均为目标域。例如，在“论争是战争”隐喻里，“战争”的每一个关键点及时间点都可与“论争”一一对应，如：敌对双方支持立场；寻找彼此的弱点并攻击；防御或维护自己的立场；撤退；反攻或说服；分出胜负并停战。这一概念隐喻通过一种结构映射方式形成。也就是说，将来源域模式“战争”的结构映射到目标域模式“论争”中去，前者的某个点对应于后者的某个点，两个模式里的点都能各自串联成一个完整的系统。

结构隐喻目的是通过有形的、人们熟知的、简单而具体的概念帮助人们更好地理解和掌握抽象的、复杂的、无形的、晦涩的概念。比较上述案例左边的目标域概念和右边的来源域概念，不难发现人们正是依赖右边去理解左边。因此，来源域一定是来自于日常生活的、可见可闻的、广泛应用的、经验丰富的事物或概念。

（二）英汉时间的结构隐喻化认知

自古以来，绝大部分人们通过劳动创造价值，同时也以劳动时间作为衡量价值的标准，如此，时间也就成了商品。因此除时间的空间隐喻之外，很多语言文化还将时间比作金钱，以此说明时间的价值和有限性。随着商品经济快速发展，时间和金钱的关系也就更加密切，如“浪费时间就是浪费金钱”等。由于多种因素，这一点西方比东方表现更加突出，英语里就有“To invest time”的说法。

“时间就是金钱”，除此之外，人们更用对待金钱的方式对待时间。将“金钱”的结构模式投射到“时间”上，根植于金钱的特性，时间也成为可浪费、可节省、可计划、可售卖的商品。对于不同维度时间和金钱的特征相似性，两者也形成诸多隐喻，甚至形成结构化的隐喻群。

例如，在英语中有以下的例子：

（1）How do you spend your time these days?（这些天你怎么打发时间的?）

（2）That flat tire cost me an hour.（那个爆胎花了我一个小时）

（3）You need to budget your time.（你需要预算你的时间）

（4）Is that worth your time?（这值得你花时间吗?）

（5）You don’t use your time profitably.（你没有有效地利用你的时间）

（6）This gadget will save you hours.（这个小玩意能帮你节省几个小时）

（7）I lost a lot of time when I got sick.（我生病的时候浪费了很多时间）

在汉语中也有许多把时间隐喻为金钱的。例如：

（1）回想起来白白浪费了许多时光。

（2）你给我三个月的时间，我一定能完成。

（3）这个下载软件能节省不少时间。

（4）他忽然觉得在她身上花那么多时间不值得。

（5）浪费别人的时间等于谋财害命。

当人们把时间当作有限的资源时，会拿“用”“用完”“有”“没有”“有足够的”去描述时间；当人们把时间当作有价值的商品时，会拿“有”“给”“失去”“谢谢”去描述时间；当时间就是金钱时，则用“花”“花费”“预算”“投资”去描述时间。

虽然在英汉两种语言文化中，时间隐喻大体相似，但由于历史传统、生活环境、价值观念不同，这类隐喻也存在着差异。

比如历史传统和价值观方面的影响，汉语文化中，两千多年的封建制度致使小农经济曾长期占据统治地位，国家整体环境重农轻商，这种社会主流价值观影响着汉语民族的思维模式。时至今日，汉语民族仍然认为许多东西不能用金钱买到，包括情感、健康，特别是宝贵的时间。因此，汉语中有“寸金难买寸光阴”的隐喻。而英语民族自古以来就重视商业贸易，近现代资本主义的迅猛发展更使商业行为成为他们生活的一部分，这种现象潜移默化地影响着英语民族的思维。他们将商业活动中的买和卖行为投射到时间范畴上，由此创造了“Buy time”和

“Sell time”的隐喻形式。

再则生活环境的影响，英语民族捕鱼业发达，相对来说人们对鱼类的认知水平较高，因此他们用体型庞大的鲸鱼来形容数量多的东西。将这一象征意义投射到时间范畴上，由此创造了“A whale of time”的隐喻。对于汉语民族来讲，捕鱼业在经济生活中并不占主导地位，也无类似的生活经验，因此也不可能有此隐喻。但是时间流逝迅速和时间不足方面有独特的隐喻方式，如“时间如白驹过隙”“明日复明日，明日何其多”等。

第二节　英汉空间隐喻的认知对比

空间不仅包括空间类别，还包括空间关系。空间虽然只是世间无数关系中的一种，但它在人们形成对世界认知的过程中起着很大作用，它是人们了解社会、理解社会并表达各种认知结果的重要基础，在人类文化心理学中，空间的类别和关系在其中占据重要地位。人类发展的历史是不断认识世界的过程，为了掌握与理清各种非空间类别和关系，有一种认识方法在人类认识世界的过程中非常重要，这种认知方法是空间隐喻化方法。

认知语言学家通常认为，与其他隐喻相比，空间隐喻对人类概念的形成有着重要又特殊的意义。因为大多时候，空间隐喻能够帮助人们理解抽象概念，然后用自己的语言表达出来。隐喻的类型有多种，比如空间隐喻或者方位隐喻。身体经验促成空间隐喻的产生，其原因在于当人类首次感知世界时，他们可以通过与身边的事物建立向上与向下、向前与向后、内部与外部、中心与边缘等空间范围内运动的位置关系，然后将自己对事物的理解说出来，这些表达的产生就源自空间隐喻。而且，在概念创建之前，这些表述的空间关系就已经存在。因此从这一意义上讲，所有抽象概念都是通过语义隐喻来表达特定空间位置的结果。

一、空间隐喻的认知

认知心理学区分了物理空间和认知空间两个不同空间世界。虽然都是描述空间，但是两者的概念是不一样的。物理空间形容空间世界的客观存在，描述在三维空间世界中客观存在并且唯一的、不变的场景，描述的场景往往是全方位的。然而，认知空间却不是这样。认知空间是人们通过物理空间中依靠各种感知器官感知到空间世界，与物理空间的客观3D场景相符合，映射到人类感知器官的主观3D空间世界场景。从概念上讲，空间是人脑中对于客观事物之间空间关系的投影，而这种投影并不完全符合客观现实。用语言体现的空间概念仍然是一个简单概念，空间隐喻将物质世界在空间中进一步延伸。人们以抽象形式（如数量、状态、范围等）投影看到的图像模式，该图像模式表示他们所经历和看到的物体与自己在空间构成的关系。为了表达自己对事物的认知，空间隐喻是人类理解世界的主要隐喻方式。

（一）空间隐喻认知的工作机制

空间隐喻认知起源于空间概念，其目的是帮助其他非空间目标域构建。在人类形成的对世界和社会的认知中，空间隐喻起着重要作用，因为许多抽象概念的构建必须通过空间隐喻来实现。

空间隐喻保留空间意象和内部逻辑的同时，将空间的概念投射到抽象目标域上，是一种意象图式隐喻。

图像模式在空间隐喻感知工作过程中起着重要作用。建立意像图式的基本原理是：人类具有思考的能力，并能根据思考结果进行表达和行动。人类有着可以与自然界建立联系的身体，不仅如此，在此过程中，必须将人类的意识和理性与身体在环境中所处的不同位置及其与环境发生的互动联系起来，意像图式可以在日常的物理体验中重复使用，与其他模式相比是相对简单的结构。在生活中，常见的空间关系有前与后、上与下、中心与外围等。

意象图式主要由三部分组成，分别为射体、地标和路径。射体与地标之间存在非对称关系，此种关系中尚未确定目标对象的空间方向，并且地标是提供确定目标对象方向的参考依据。当然，建立的意象图式架构可以同时表现动态关系和静态关系。对于空间位置和关系的限制以及确定，射体、地标和路径三者都是非常重要因素。在汉译英或者英译汉的过程中，汉语就相当于无法确定的射体，但是其客体可以作为辅助确定的地标。正是由这两种的相互作用，才能确定真实状态。

构建非空间概念时，空间意象图式是不错的构建工具，因为可以表现空间关系。即当人们将射体、地标和路径赋予非空间概念时，称为空间概念的隐喻扩展，空间隐喻化认知就是使用空间概念作为源域，目的是构造非空间概念的目标域，形成一种认知方法。

（二）空间隐喻认知的特点

以空间为导向的意识是人具备的最基本能力，而空间经验也是在个人成长过程中可以早期获得的基本体验。通过隐喻的方式将人类获得的空间经验和概念进行加工，形成了现有的许多基本概念。空间隐喻的特点包括以下四种。

1. 系统性

空间隐喻的系统性意味着，除了所有空间隐喻的内部都是统一以外，不同隐喻之间同样存在某种系统的联系。例如，“好”这一意思的表达不仅这一个，还有诸如“健康”“高兴”等这些同样能表达“好”，这些词的意思有着系统联系。

某些空间隐喻与相关概念之间的联系是如此基础和密切，以至于很难想象有任何其他方式来构建它们。例如，“社会地位”这一词的表达不管是在汉语还是英语中，都只能用高和低去构建表达。

2. 理据性

理据性是空间隐喻的本质特征之一。由于空间隐喻不是任意的，而是合理的，因此空间方向不能随意用某一个空间方位来指代本体。理据是指表达中语言与语义之间建立的关系。空间隐喻的含义不是文字，而是通过心理联系以及人们的直接经验和经历来理解。空间隐喻来自一个人基于自身身体和文化经验的累积，因此，可以说空间隐喻化认知呈现的特征有理据性。空间隐喻来自人们的生活经历，并使用与事物本体接近的喻体，因此隐喻所代表的图像与本体的图像非常相似。

3. 生成性

天生就能掌握语言机制，空间隐喻作为语言的一部分，有着生成性，能被人掌握。因此有限的规则和语言元素会产生无限数量的表达含义，以反映无限的思想。同时，隐喻对于人类体验的形成至关重要，因此，一个人一旦有思想意识，便有办法解释过去的记忆，解释相关的未来以及解释所面对的世界。空间隐喻是连接人类思想的枢纽，在这个过程中，扮演着重要角色。

空间隐喻具有两个要创建的元素：一是隐喻的词汇含义关联，从隐喻的含义扩展到多方面；二是要深入认识本体特征。例如，“快乐”是一个抽象概念，但是它可以变得更加具体和形象。当人们感觉到悲伤、沮丧时，他们常常表现为低下头并垂下眼皮。相反，当人们开心时，表现为昂首挺身，因为通常与人的精神状态密不可分。

科学技术领域的许多概念都是基于空间隐喻，隐喻思维和认知模型用于命名，识别和描述现在被人们知道的或者暂时还不知道的世界。例如，“高”是指与原始“低”相对的空间或突出具有独特的对比度功能空间的概念。当人们将这种空间类别的特征隐喻为速度场的对比特征时，便具有“高速”的界定，而在技术类别的对比特征中，赋予隐喻则具有“高科技”的概念。

4. 民族性

空间隐喻表现的民族性特征，是需要保护的文化，同时也是一种文化模式。因此，人们在很小的时候就已经学会这种语言，并在其思想中深深地融合文化符号，包括所有文化概念、文化价值、文化规范和文化习俗。每个国家都有不同的空间隐喻来通过语言理解和认知世界。

对于不同的民族来说，隐喻思维是不一样的。比如，有的民族可能认为“上下”方位的表示起着重要作用，而对于其他七组来说，“里外”则可能起着重要作用。同样，在某一文化语境中是“Active is up”“Passive is down”，而在另一文化语境中，很可能是“Passive is up”“Active is down”。由此可见，同一方位在不同的文化语境中可能起着不同的作用。

英文中，词构成的短语和单词意思也是不一样的。比如“up”对应中文“上”，但是在短语中，“up-grade”对应“上等”，“updated”对应“上算”，“upstanding”对应“上升”。然而，在中文中，“上当”表示贬义。

（三）英汉语言里空间概念的表现形式

用语言表达的空间形式反映人们对空间关系的简单理解。对于特定的空间关系，英文和中文两种语言表达并不完全相同，这可能反映两国之间的理解差异。

就事物而言，中国人普遍将家看成一个区域。但是在外国人眼里，家是一个地点。不仅如此，英语中的“里”和“外”对应中文中的“上”和“下”。这可以反映出，在英汉两种不同语言中，空间概念有着不同的表现形式。

汉语以一定程度的准确性为代价来表达空间关系的维度，以换取简单性。例如，“在……上”可以表达空间关系的不同维度，而在英语中，则需要多种介词来表示并且有着严格区分，比如“above”“over”“at”等。在表达静态和动态方面，中文强调准确性而牺牲简单性。与英语不同，相同的介词用于以不同形式表达不同的动态概念，比如通过、到达等。

英语的空间关系主要通过“up”“down”“the hill”等介词构成词组结构表达。然而中文中，会用“在山上”等“介词＋名词＋方位词”组合来表示空间关系，其缩写形式是没有介词的结构，比如“山上”。

需要大家注意的是，英语的空间介词具有像汉语一样完整的词汇含义。但是，为了完成空间含义，有必要在汉语介词中添加方位词。英文中的空间介词与中文“介词＋方位词”结构相同，并包含中文方位词的含义。从此可以看出，汉语和英语的表达方式是不一样的，前者是“分析式”，后者是“融合式”。

二、英汉状态、数量和范围的空间隐喻化认知对比

当下物质世界中代表空间概念的延伸，统称为空间隐喻。“空间”与“隐喻”都被作为两个不同范畴里的问题来对待研究，“空间”无论在东方还是西方都更多地指涉哲学，而审美修辞则一直占据着隐喻研究的主要位置。由于人类的许多抽象概念都必须通过空间隐喻来构建，比如人们生活中所体验的“上下”“前后”“左右”，这些代表空间意图投射到范围、数量这些抽象化事物当中。由于以人的行为为主体，因此空间隐喻在人类的认知活动中扮演不可或缺的角色。其中，“上下”是人们发现最基本的范围范畴，也是人类对空间概念的初步认知，它代表垂直方向领域的空间关系。因此，人们都是以此作为对空间领域其他抽象概念的认知。

（一）英汉状态的空间隐喻化认知

状态是指事物的状貌特征与动作情态，或物质系统所处的状况。在英语中，状态用“state”来表示，“State is a condition in which a person or thing is; way of being.”。关于状态的认知，人们则是借助“上下”空间概念来隐喻。通常情况下，好的状态意味“上”，反之则相反。这一根据来源是因为人在行走中，头在上，脚在下。大多数哺乳动物都是睡觉时躺下，睡醒后直立行走。以人为例，除非是重症病患人员，否则多数情况下人都是站着或者坐着。大多数人都会出现这种情况：双肩下垂、脑袋耷拉代表悲伤或者沮丧的郁闷情绪，这种情绪一般与人的负面情绪相关联；昂首挺胸一般代表一个人的正面积极情绪，比如兴奋、开心等等。以上情绪的表达也与常用的“上下”空间概念相关联。因此，经常用“上下”来表示一些事物状态、质量情况以及情绪认知等。例如：

（1）表示“质量状况”的词语有：产品质量上去了，上等，上品，质量高，下等，质量低等。其隐喻基础为：质量较好为上，质量较差为下。

（2）表示“公开状态”的词语有：股票上市，上法庭，上电视，上报纸；私下解决，下意识里想。其隐喻基础是：公开状态为上，非公开状态为下。

（3）表示“工作状态”的词语有：上学，上课，上下班，上下岗，上任。其隐喻基础是：在状态就为“上”，不在状态，就为“下”。

（4）表示“主动与被动”的词语有：上进，上心，上前；处世低下，为人低调。其隐喻基础是：主动为上，被动为下。

（5）表示“情绪状态”的词语有：七上八下；才下眉头，却上心头；情绪高涨，情绪低落。其隐喻基础是：高兴、健康、有生命等，这些对人来说都是好的，它们都是上。

汉语的组词习惯中，经常用“上下”空间概念表述隐喻，以上的例句展现得已经非常明显。怎么区别“上下”呢？一般而言，承载体若能承载，两者之间有平衡接触，定义为“上”，反之则为下。该承载体代表的内在含义，便是一个人若是能够有积极向上的精神状态则是“上”；反之，若是消极负面的情绪状态则为“下”。

汉语习惯中“上下”带有很强的时间概念，比如“上”代表着“开始”和“正在进行”，“下”则与“上”正好相反。也就是说，上代表时间的开始，下代表时间的停止。“上下”由于本身就是动词，所以有动态含义。

英语区别于汉语，表示空间状态关系的词汇很多。比如常见的介词“on”“under”就是表示“上下”，隐喻意义表示人处于活动状态或者情绪还是持续。人的活动中处于哪个位置，暗含用哪种状态参与到活动中，这种结构表达其实就是静态二维空间。然而，英语中借助不同位置的关系，还能表现出人的主动或者被动状态，英语中多数用“at”“on”“in”“under”这类介词表示。通过以上的英语状态表示，可以看出英语中的空间关系相比汉语更加多样化。

（1）at：at work/school/rest/war/sleep/home。

at是一个表状态的中性介词，后面接表示“活动”一类的名词，含义是“人正好处于这个活动状态”，比如at后面加“work”“home”“school”结构，翻译成汉语就是“在工作”“在家”“在上课”的状态。

（2）in：in despair/sorrow/love/demand/search of/the moonlight。

in结构比较特殊，表示被动，含义是在某个包围体当中，后面多数是一些“情绪”名词。in后面若是加一些表示“状况”的名词，含义是人陷入某种处境当中，比如“in trouble”。想要表示这种状态的相反状态，则是用out of，比如“out of trouble”，表示脱离麻烦。

（3）on：on display/show/sale/rent/guard/duty。

on本身的意思是“在……上”，通过其汉语释义能看出on代表主动状态，表示“人正在参与某项活动中”；比如“on rent/sale”表示“物品正在出租当中/物品正在销售中”。此时的on与汉语当中“上下”空间概念相吻合，比如“上”代表的含义是状态良好，“下”则正好与“上”相反。

（4）under：under arrest/repair/control/fire/pressure。

under的含义是“在……下”，表示被动的意思，代表人处于某项活动的影响当中。因为under的空间概念是表示垂直的下方，它的对应隐喻也是指“处于某种影响之下”，比如“under control”表示“在某人的控制之下”，over则正好与under意思相反，表达的空间概念含义也是如此，比如“control over somebody”（就是控制某人）。

英语在空间隐喻的表达中，都是采用“上下”的概念来进行隐喻对比。英语的隐喻基础与汉语的隐喻基础是对应的，同样是“上”表示“良好状态”“公开状态”“主动状态”，“下”则表示“状态不好”“被动状态”“结束状态”。除了以上人们熟知的“上下”表示隐喻之外，英语中还可以用“里外”（如in/out of/trouble）表示另一种空间概念的隐喻认知状态。

此外，汉语语言状态中，不同于英语中繁杂的介词（at，on，in，under），不同的介词表示不同状态。汉语中“上下”表示的隐喻状态，表示含义比较简洁，可以直译为“在……上”或者是“在……下”。

（二）英汉数量的空间隐喻化认知

数量通常代表事物个数的多少。除了采用数字表示，还可以采用“上下”的空间概念表示数量多少。首先，人们所知道的数量与“上下”其实有内在直接联系。大多数人都会有这样的体验，比如人们身上穿的衣服，每多穿一件，衣服的高度就会随之上升；反之，若是人们身上穿了若干件衣服，每往下脱一件，衣服的高度就会随之下降。也就好比河中水，往上加，水位就会上升，反之则下降。在英语和汉语两种语言文化中，数量大通常用“上”表示，“下”则相反。

（1）英语中数量跟空间概念的关系也基本相同，因为“up”表示在高处，“down”表示往低处，所以数量多，水平就“go up”（上去）了，数量少，水平就“come down”（下来）了。如：

1）Prices are going up.（物价在上涨）

2）The attendance is up.（出席人数增加了）

（2）在汉语中，如：

1）房价涨上去了。此套电视剧播出后，其收视率迅速上升。

2）今天的股市行情有所下滑。

3）生成规模上去了，产品成本就下来了。

英汉两种语言中用“上下”的空间概念来隐喻认知数量时，概念和意义都是对应的，都取“上下”浮动所表现出的物理反应，因为人类有共同的身体和物质经验作基础。

（三）英汉范围的空间隐喻化认知

汉语中对范围的界限是四周的边界，其属于比较模糊的概念，比如人们常说的“领域范围”“研究领域”之类宽泛词语。汉语中“上”可以包括以上两个含义。其中“上”表示“表面有接触点”，也就是附属关系，比如“凳子上”“树上”等，这些都是一些确切的地点。但也有一些比较抽象的空间概念，比如“报纸上说……”，具体见表3-1。

表3-1　词语的关系

汉语	接触或附着	不接触	非附着关系
桌上	on the table	above/over the table	—
树上	on the trees	in the trees	—
海上	on the sea	at/in the sea	—
头上	on the head	above/ over the head	—
心上	on the mind	in the mind	—
飞机上	on the plane	in the plane	—
报纸上	on the newspaper	in the newspaper	—
大厅上	—	—	in the hall
村上	—	—	in the village
课堂上	—	—	in the classroom
工作上	—	—	in the way of work

由上表中的词语案例可以总结出两种情况：一种可代表附着于非附着关系，另一种仅表示附着关系。当以上词语表示附着关系，与英语中的 on 词语含义一样；若是表示非附着含义，就与 in、above、over 等词语含义一致。这时候的“X. 上”，采用延伸含义，就不能简单地用“X. 下”代替其相反含义。从以上问题就可以看出，英语与汉语之间含义转换最大的区别，汉语中的一是“上下”，二是“里外”；英语中则将“有无接触”排在第一位。

汉语中的“X. 上”隐喻，是指能够用确切位置来表示一些模糊范围，这也就说明为什么汉语中的“X. 上”既可以表示附着关系，也可以表示非附着关系。这就造成汉语特有的包容性，同时也说明为什么英语中经常用“里外”来表示汉语中的“上下”关系。“X. 上”结构范围是一个广泛代表，特指外部、广延等，是汉语中较为经典的案例，同时也说明汉语言的方位词语中含有较大的包容性与模糊性。

可以采用准确的位置来代表一些模糊不清的地域范围，此种汉语情况同样也适用于英语当中。比较典型的就是“at”“on”“in”这些介词，本身表示位置，但是用在下面结构中则表示模糊的范围“在……方面”。

“at”“on”“in”这些代表两点之间接触关系的词汇，是线/面和体/域这些宽泛词汇的内在含义。“An expert at English”的内在语意就是在某一个特定的领域非常精通，而把中间的介词 at 换成 on 就是指某个方面的相关知识。若是把 at 换成 in 则是指这一领域，范围更加广泛一些。实际上，以上用词用法也是将一些抽象化的东西用实体比喻而表现出来。

英语和汉语虽然在语境和语法上有很多不同，但是范围内隐喻方法是互相一致的，就是用比较明确的方位代表抽象范围领域。汉语中“X. 上”结构与英语中的不同介词一样代表接触和非接触的关系。不同的是，汉语的翻译是在地点和范围中反映出“避实就虚”的内在含义，英语则正好相反，它代表“虚中求实”的趋向。

三、英汉社会关系的空间隐喻化认知对比

由于每个人在社会中所担当的社会角色不同，因而产生了多种多样的社会关系。其中，主流的社会关系有权势和亲疏两种。空间隐喻不仅可以用来认知诸如状态、数量、范围等抽象事物，还可用来认知和表述社会关系与现象。本文对社会关系中存在的空间隐喻化现象的讨论主要以亲疏关系和权势关系两个角度展开。

（一）英汉权势关系的空间隐喻化认知

社会语言学家将存在等级和层级差异的社会关系定义为权势关系。例如，领

导者和被领导者之间形成的上下级关系，父母和子女之间存在的长幼关系等。上级、长者、尊者在这些关系中处在“高势地位”，而下级、幼者、卑者则处在“低势地位”。

原始部落中主要依靠力气来决定人的地位，而力气主要受人身材的影响。在格斗中，相比于矮小瘦弱的一方，高大强壮的一方胜算更大，败者通常被胜者压在身下。

现代社会中地位与权利密切相关。在多数场合中，处在较高位置的通常是高等级或社会地位的人或事物，而低等级或社会地位的人或事物则会被放于较低位置。例如，重要人物的名字常常被列于名单的上方；体育赛事颁奖时，冠、亚、季军的站位依次降低。由此可见，空间概念如“大小”“高低”“上下”等常在权势关系中用来隐喻。

（1）汉语中常用来表达权势关系的空间词语是“高”“低”“上”“下”等，权势关系中的高势地位者常用“上 X”“高 X”来表示，低势地位者用“下 X”“低 X”来表示。例如：

1）上帝、上苍、上天、皇上、上峰、上级、上面、上司、上层、上宾、上流社会。

2）下级、下人、下层、下头、下面、下属、下九流、下三烂。

3）高层、高朋、高人、高手、高堂、高位、高官、高士、高足、另请高明。

（2）英语中常用来表达权势关系的词语是 high，top，lower，down 等，例如：

1）He has a lofty position.（他职位很高）

2）She'll rise to the top.（她会身居首位）

3）He's at the bottom of the social hierarchy.（他处于社会的底层）

由高处向低处、由低处向高处的以地势关系为背景的运动也可以用“上”“下”“高”来表示。地势关系对于权势关系的映射也体现在“上”“下”“高”这类词语在权势关系相关社会现象的用法表达。汉语中例如：

上报、上调、上供、上告、上书、上诉、上访、上交、上缴、上京、上行列车、下凡、下放、下台、下野、下达、下第、下乡、下基层、下行、列车、高就、高升、高攀。

英语中的例子有：

1）The family has come down in the world.（那个家族已经没落了）

2）He rose to the top of the class.（他爬到了社会的上层）

3）Everyone from the mayor down to the peddler contributed to the relief fund.（上至市长，下至小贩，每个人都捐助救济金）

汉语中一般用“高 X”“上 X”来表示以下社会行为：处于低势者拜访或者结识位于高位者，或由低势位置迁移至高势位置，或将物品给高位者，或去高位者所在的位置等。例如，“写信给高地位的人，以表达政见”叫作“上书”，“向首都方向行进的列车”或者“由支线朝与干线连接的车站行进的列车”叫作“上行列车”，因为中央政府在首都。用“高就”一词表示一个人由原职位升至更高的职位，该词也逐渐成为询问别人工作职业的敬语说法。英语语法中经常用动词后搭配 up to 来表达这一意思，与汉语不同，英语中的“上”不能直接用作动词。

反之，汉语中用“下 X”来表示以下社会行为：位于高位者将物品交付于低位者，或去低位者所处的位置，或由高势地位向低势移动等。比如“天上神仙到人间”叫作“下凡”，基于人神之间的尊卑关系，神仙从其所处的地方，也就是天上，来到人所处的凡间，所以需要使用“下”，不能使用“上”；当政者不得不下台时，由高势地位迁移到低势地位，所以叫作“下野”而不是“上野”。英语中通常使用的是 come down to，如：

The landowner comes down from London twice a year to visit his farms.

地主每年从伦敦回乡下两次视察他的农场。

（二）英汉亲疏关系的空间隐喻化认知

除权势关系外，还有一种社会关系是亲疏关系。汉语中常用距离和容器隐喻来表示亲疏关系。社会距离即是空间距离的隐喻，同时这一词语本身也完美地诠释了这种隐喻。汉语中常用“远”“近”进行距离隐喻。“远”代表关系疏远不紧密；“近”代表关系亲密。例如：

（1）近邻、近亲、近人、亲近、套近乎。

（2）远房、远门、远亲、远祖、疏远、敬而远之。

虽然可以使用“长”“短”表达空间距离，但其不适用于社会距离的隐喻。因为空间距离如“远”“近”的定义是需要依靠参考点的，社会距离同样需要依据参考点进行衡量，因此不含参考点的空间距离如“长”“短”就不能用于社会距离的隐喻。

社会关系的容器隐喻，表现在“内”“外”的使用上。例如：

（1）内部、内臣、内宾、内亲、内人、内子、内线、内政。

（2）外人、外戚、外宾、外客、外家、外公、外婆、外甥、外围、外乡、外姓、见外。

容器中一般用“内”“外”对亲疏关系进行映射，关系亲密用“内”表示，疏远则用“外”表示，同在一个容器之中则拥有亲近的关系，而被容器边壁相隔的“外”则关系疏远。

与汉语相比，英语中较少使用空间概念对亲疏关系进行隐喻。两个民族的历史制度、风俗习惯、语言文化差异导致了这一差别。

国家实现利益靠的是勇于冒险和开拓的人，国家需要用民主和法律进行对内管理。公民在社会中受法律保护，是一个不必完全依靠家庭和家族、可以独立存在和生活的人，因此家庭与家族对于国家政权的意义和地位没有那么重要。同时不论是个人的成绩、荣誉，还是罪责，都属于个人，与血亲、嫡亲的亲属之间没有连带关系，因此本人并没有那么在意亲属关系。亲属之间的称谓也不会划分得很详细清晰。在财产继承的问题上，人可以继承血亲、嫡亲甚至既无血亲也无嫡亲的人的财产，主动放弃继承财产也是允许的，这导致英国人的亲属观念较为淡薄。在他们的认知中，一般亲属甚至与其他人没什么区别，所以也就没有细分血亲或是嫡亲的必要。这一点在亲属称谓上表现出来就是匮乏松散、没有内外、主次甚至男女之分。例如，祖父、外祖父统称为“Grandfather”，伯父、叔父、姑父、舅父、姨夫不分，统称为“Uncle”，堂兄、堂弟、堂姐、堂妹、表兄、表姐、表弟、表妹均不分性别，统称为“Cousin”。

而大陆文化、封闭文化的中国则不一样。大家长坐于龙椅之上，拥有至高无上的皇权，依傍于家族和家庭治理国家。古代中国的社会体制是宗法制。宗法制度发源于原始父系社会制度，到了文明社会，之前家庭公社成员之间形成的紧密牢靠的宗族血缘关系，与社会政治等级关系相互交通渗透，进而形成宗法制度，并在西周时代正式确立。宗法制度提出单边父系嫡长子继承制，严格执行宗庙祭祀制度，从此亲属内外长幼都有严格的等级秩序，产生了复杂繁多的亲属称谓。

我国家族的亲疏依照血统远近予以区分，同时一个家族又分内外、嫡庶。例如，母亲、女儿或姐妹一方的亲属被称为外亲，在称谓前要加“外”字，如“外祖母”“外公”“外甥”等，再加上嫡系、旁支的区分，形成了庞大且复杂的亲属系树，这种由血缘延伸的政治社会结构体系虽然庞大繁杂，但是井然有序。

第四章　英汉数字隐喻的认知对比

英语和汉语都存在数字隐喻现象。但是，在历史的发展进程中，由于受到各自文化中的语言、生活习俗和民族性格等方面的影响而导致某些差异。两种语言可能有相同的概念隐喻，由于受不同文化的影响，概念隐喻的表达有所不同。本章内容包括英汉数字隐喻的相同点、英汉数字隐喻的差异及原因以及英汉数字熟语对比分析。

第一节　英汉数字隐喻的相同点

隐喻在一定程度上既是一种语言现象，也是一种人类认知发展变化现象，其实质是借助其他事物来感知另一事物，从而获得新的体验和感受。以此类推，数字隐喻就是通过数据等相关信息来解释其他事物，当所有数据被放在同一环境中，处于同一数字体系中的数据会具备某种相似的特征，该特征在数据网络中所体现出的实际情况就是不同数据库的建立。接下来，以数字“1”和“3”为例对英汉数据体系的共通之处进行相关论述和说明。

一、英语与汉语基本数字隐喻的共性

英语和汉语中，基本数字隐喻的共性见表 4-1❶。

表 4-1　英汉数字隐喻的共性

数　字	英汉相似隐喻意义
1	本原、统一、专一、相同、专一
2	对立、分离
3	多、满，神圣、少
4	完整
5	神圣

❶ 岳喜华，韩立志. 英汉关系隐喻认知对比研究［J］. 边疆经济与文化，2013（02）：139-140.

续表 4-1

数　字	英汉相似隐喻意义
6	完美
7	神圣
8	吉祥
9	神圣、极限
10	完满、美好

英汉数字隐喻表现出共通性，即数字的神秘性和哲学蕴含。英汉数字隐喻的相似性来自人类数字认知的共性。在“3”这一数据之前的概念体系并未得到完善，甚至再早之前该体系根本不复存在。譬如，在漫长的史前时代，记事都需要借助具象事物才能够大致表现出相关数字的基本意义。此前，我国人类学家在相关研究中说明，与现代人们外形相差无几的最早人类，在社会狩猎活动中就已经得到一定的数据概念，如必须要用三个矛头才可以交换一头鹿。而最初数字的表现形式借助于手指，一个手指指着鹿，三个手指指着矛头，即最早的人类简单而实用的计数方法。在后面几千年的发展历程中，“3”以上的数据逐渐被“一堆”“一些”等字词代替。这也说明早期的数概念不是纯抽象的，而是附属于计数实物的。具体的事物总在抽象的东西之先。不知道要过多少年，人类才发现一对锦鸡和两天同是数字“2”的例子。早期的数概念具有极端具体性。以不列颠哥伦比亚辛姆珊族使用的本组族语言为例进行相关说明，这种语言有七种类型数字，如：用于表达走兽和扁平状物体的数字；用来计算时间和圆形物体的数字；用来计算人数的数字；用来测量树木长度的数字；用来记录小艇的数字；用来测绘的数字；还有用来随意调动的数字。

那些具体但是本质不同的数字概念正是通过数据计算才被整合为一种统一而抽象的理论概念。而这种统一的数概念又延伸到其他认知领域，产生了超越数字性质的数字隐喻意义，即实物计数—抽象数概念—隐喻意义。

二、意象图式对英汉数字隐喻共性的解释

西方传统观点认为数学的基础是系统的理论和逻辑。数学是一种认知活动，数学产生于人类的经验，并建立在人类理解的基础上。一定程度上来说，数学是极其形式化的概念，其源于人类的各种社会经验，如数字计算、长度测量、理论证明、解决实际问题、数据分类等等方面。以上这些方面都是人类在社会活动中接触到的与数字有关的内容，每一个活动都有与其相对应的系统结构。也就是说，与数学相关的概念都有与其一一对应的系统结构。如：

（1）实体性——Entity（实体图式）；

（2）对应性——Link（连接图式）；

（3）连续性——Path（of motion）(路径图式，移动）；

（4）顺序性——Direction（方向）；

（5）因素（或分解)——Part-whole, Separation（部分—整体，分离图式）；

（6）数量相等——Balance（平衡图式）；

（7）分类——Container（容器图式）。

以上提到的数学概念，大多都是来自多数人长期的生活感悟，譬如对一件时常随处可见的普通事件，大家都有着一致的理解和看法，那么就可以将其看作是一种通识，从而演变成为数学领域常用的语言。数学在一定意义上以单一形式出现，其既产生于人类社会经验，又服务于人类社会经验活动，也就是说，意象图式在一定程度上也可以被称为数字隐喻的工作机制。此处尝试用意象图式中的平衡图式、起点—路径—目标图式来解释英汉数字隐喻共性的工作机制。

（一）部分—整体图式

部分—整体图式来源身体经验。人体是一个由部分构成的整体，健康的人都能意识到自己身体的完整性及身体各部分构件的状况，并能操纵这些部件。部分—整体图式表达子集之间的关系和部分，其生理基础为：人本身以及其他物体是由部分组成的整体。构成要素为整体、部分和构造。基本逻辑是：此图式是不对称的，如果 A 是 B 的部分，那么 B 就不是 A 的部分，它是不自反的，如“苹果在树上”成立，则“树在苹果上”就不合逻辑；“汽车缺少配件”成立，“零件缺少汽车”就不成立。而且不存在有整体无部分的情况，但是即便所有的部分都存在，也不意味着就构成了整体。如即便是所有汽车零件都在，也不一定是一个完整的汽车。只有部分存在，整体才存在，照这样推理，如果部分遭到破坏，整体也会被破坏。

这一图式可以解释英汉中都存在的满数，如“3”“4”“6”“9”“10”。“10”表示“完满、完美”，是因为“10”被看作一个整体，它包括所有部分之和，是完整无缺的。有整体存在，就有部分存在，所以，“10”表示“完整”的同时，也暗含着事物本身有一个既定结构，有“部分”和“不完整”。再如“1”隐喻为“统一”，是因为“1”是一个整体，把所有部分归为一个整体即为“统一”。另外，“极限”的概念也可从部分和整体的关系得出。又因部分和整体可以分离，所以可解释“2”的对立性和“分离”隐喻。举例如下：

（1）十全十美的作品哪里会有，即使是名家手笔，要挑毛病总是有的。

（2）他的政敌在报纸上把他说得简直十恶不赦。

（3）Could I come near your beauty with my nails, I would set my ten commandments in your face.（要是我能挨近你的身边，我定要左右开弓，打你两下）。

（二）平衡图式

平衡图式的生理基础是：平衡就是物体的对称性，如形状、大小、位置等；人身体的器官是对称的、平衡的，如重量和力。其构成要素为支点和杠杆的两边。基本逻辑如下。

第一，对称性：A 和 B 平衡，那么 B 和 A 也平衡，且只能 A 和 B 平衡。

第二，等价关系的传递性：如果 A 和 B 平衡，且 B 和 C 平衡，那么 A 和 C 也平衡。它们之间的等价关系以支点为中心传递。

第三，自反性：A 和 A 本身平衡。

在一定程度上，人类对于数量相等数据的测算是基于自身的平衡经验，譬如周边事物是否对称、人体可以随着自身平衡性的提高直立行走、婴儿从会爬到可以站立直到可以行走等。以上呈现出的都是人类社会活动中所衍生出的平衡经验。

譬如，英汉中的数字“1”，就因为其自身的对称性，所以具有“平衡”等隐喻意味，说明可以通过平衡图式来阐释其数据概念或者相关价值。比如下面的数字熟语的隐喻意：

（1）刚要寻别的妹妹去，忽见前面一双玉色蝴蝶，大如团扇，一上一下迎风蹁跹，十分有趣。

（2）陈正公见他如此至诚，一心一意要把银子借与他。

（3）鹏振叹了口气道：“十年河东，十年河西，哪个保管得了那些？我这事就托重你了。”

（4）一动不如一静，看看事态的发展再说。

（5）We all march forward to one objective.（我们大家朝着一个目标前进）

（6）One and the same idea occurred to each of them.（他们都产生了同样的想法）

（7）We are of one age.（我们是同时代的人）

（8）It's six of one and half a dozen of the other，so far as being on the square goes.（说到诚实公正，两个人都差不多）

上例中的“一”和“one”已失去其纯数字意义，引申出“相同，相等”之意。由于数量或价值相同，所以是平衡的、对称的；三个汉语数字熟语的隐喻意也反映出数量上的相等，支点两边分别是“一上”和“一下”，“十年河东”和“十年河西”，两边的数量完全相同，显示出两种实体的对称性，“一上一下”意思是上下交替跳动，“十年河东，十年河西”指世事盛衰会发生轮转变化，也指矛盾的两方面互相转化，这里可以看出支点两边等价关系的传递性“six of one and half a dozen”（一个半斤，一个八两，重量相等）都表达了相等的数量关系，它们的含义中都有平衡对称的因素。汉语中还有很多类似的数字熟语，如“一个半斤，一个八两”“一个萝卜一个坑”“一唱一和”“天无二日”“人无二理、三起三落”“六言六弊”“七擒七纵”“八遇八克”“九转九还”。

再看数量不等是失衡的例子：

（1）听见宝钗自己推让，他心里本早打算过宝钗生日，因家中闹得七颠八倒，也不敢在贾母处提起。

（2）说着，将一盘子花横三竖四地插了一头。贾母和众人笑得了不得。

（3）撑船人为安抚人心，不断地劝慰着这些饱受惊吓的人们，大家七嘴八舌，船上显得更加混乱不堪。

（4）在老人面前，我们装得什么事也没有发生一样，但是，虽然表面上十分平静，我的心里却七上八下地一直在翻腾。

上面句子中含有两个不同数字之间的搭配，它们之间的数量关系不相等。一方多于另一方，表达了动作行为的不平衡性，含义为“多、乱”。在汉语中，模式为“七……八……”的熟语很多含贬义，意为“多、乱”，如“乱七八糟”“七上八下”“七嘴八舌”“七折八扣”“七拼八凑”“横七竖八”“七狼八狈”“杂七杂八”。平衡图式会有两个支点，分别在具体事物的两边。汉语中存在一些与“等量”概念密切相关的语法单位，从词到短语，到句式，甚至到篇章，各层级都有本身蕴含“等量”关系，或在更大语言环境中体现等量关系的语法单位。举例来说，以下语法单位蕴涵着等量关系。首先，在词的层面上，反义词，并立式复合词与连词“和、跟、同”，“或者”，以及“与其……不如”等都蕴含等量关系；其次，在短语层面，同位性偏正结构、联合结构等，从上面的熟语中可以看出两边数量的差异和失衡的程度，如“一举两得”“一问三不知”“一日三秋”“丢三落四”“三寸鸟，七寸嘴”“三分吃药，七分调理”“七实三虚”“一步九回”。

以下为英语中的例子：

（1）Two's company and three's none, so one of the three has been taken out of the game.（两人成伴，三人不欢，于是三个中便有一人从这场游戏中被弄出去了）

注：“two”和“three”之间数量不等，失去平衡，双方的价值不同。

（2）Matters of inferior consequence he will communicate to a fast friend, and crave his advice; for two eyes see more than one.（不大重要的事他就告诉一位忠于他的朋友，征求他意见，因为一人不抵两人智）

注：“two”和“one”之间不平衡。

（3）If I was to go from home , everything would soon go to sixes and sevens.（假如我离开家，家里马上就会一团糟）

注：“sixes”和“sevens”之间不平衡。

（三）起点—路径—目标图式

双秤盘平衡图式是涉及作用于一个支点两侧的物理或隐喻性平衡力量的平衡模式。双秤盘平衡图式的构成要素包括支点和杠杆两边。其基本逻辑为：

第一，对称性。A 和 B 平衡，那么 B 和 A 也平衡。

第二，它们之间的等价关系以支点为中心。

举例如下：

（1）金黄的丁香花在崖壁中如瀑布般垂下，点缀着一望无际的原野。（方向性）

（2）工作组采取了什么措施，取得了什么效果，须一五一十地说清楚。（路径方向）

（3）飞流直下三千尺，疑是银河落九天。（终点，极限）

（4）例如三国时代，诸葛孔明为了想让西南蛮族降服，他并不是一味地采用武力，而是采取恩惠怀柔的手段，七擒七纵，最后使蛮族心悦诚服地归顺了西蜀。

（5）一般也有轻薄少年及儿童之辈，见他有挑柴，有读书。

（6）To arrive at the eleventh hour. [在最后时刻到来（线上某一点）]

（7）He's now the boss's number two and travels with him wherever he goes. [身为老板的左右手，他与老板现在是形影不离（线上某一点，顺序）]

（8）Students went out of the classroom one by one as soon as the bell rang. [下课铃一响，学生们一个个从教室里走出来（顺序）]

（9）I've got to take care of number one first. [我必须首先关心我自己（起点）]

（10）The whole family were dressed（up）to the nines when they left for the wedding. [全家人穿戴一新，前去参加婚礼（线性终点，极限）]

（11）Having got his favorite star's signature, he was at seven heavens. [得到最喜欢的歌星的签名，他真是欣喜若狂（极限）]

上例中的数字分别表达了不同事物的线性规模，不同个体在空间和时间上的位置、移动方向、移动距离等。这些例子可在一定程度上解释某些数字隐喻，如“初始”“极限”“比较”等。

第二节　英汉数字隐喻的差异及原因

一、英汉数字隐喻的差异性

认知语言学家认为，认知和语言不是凭空产生的，而是具有生理和物理基础。一定意义上，无论是认知水平的提升还是语言的发展，都与个体有着莫大的关系，即与个体所处的社会环境呈现互相影响的状态。同时，随着认知语言学进一步的发展，有关研究者逐渐构建起独属于其内涵文化的思想体系，在该体系中，思维个体化是推动认知语言学纵深化发展的关键要素所在。除此之外，该体系中还包括思维个体化的基本机制，如意象图式以及本文挽留的重点——隐喻。

（一）隐喻的变异性理论

1. 隐喻的变异性特征

一定程度上来说，隐喻通常被归类于文学以及修辞学的相关范畴内，是一种非正式的修辞手法。这一传统由亚里士多德在 2500 多年前确立，其影响延续至今。主要的观点为：

（1）隐喻是语言表达问题，而不是思维问题。

（2）隐喻是语言偏离正常的使用，因而不是常规语言的一部分。

（3）隐喻表达的是相似性。

（4）隐喻没有真值，因为根据传统的语义理论，所有意义都是字面的，而隐喻是非字面的。

认知语言学的隐喻理论认为，隐喻是人类思维的最重要特征。绝大多数基本的概念——时间、事件、因果关系、心智、自我、道德等，都通过隐喻表达，所以隐喻也常被称为概念隐喻。隐喻理论的主要内容包括：

（1）隐喻不是一种语言结构，而是一种概念结构。

（2）隐喻是一种正常的表达方式。

（3）隐喻在其相关文化内涵体系中所表现出来的意义通常是以区域为划分的，也就是说即便相关意义存在相似性，但是空间地域的不同会影响其相关的文化内涵。

（4）隐喻是可以具备真值的，也就是说隐喻并不是字面文化，其具备独属于其的思想文化底蕴。

一定程度上来说，可以根据个体使用隐喻的相关实际经验活动将隐喻分为基本隐喻和复合隐喻。基本隐喻一定程度上被看作是复合隐喻的成型基础，也就是说，只有将基本隐喻所提倡的个体主观能动性发挥到最大限度，那么就可以通过相关推理得出较为客观公正的分析结果。同时，基本隐喻的产生是无意识、继承性的，即个体参与社会实际经验活动时，不仅会使用隐喻，还可能会将所有的基本隐喻进行有机融合，得到更为复杂的隐喻。

总而言之，基于隐喻相关理念，将隐喻发展成为日常生活中常用的语言逻辑思维，以保证大众认知水平的提升。同时，在对其研究的过程中，必须明确隐喻的主观性，避免将其当作现实世界客观原则对待。语言寄附在隐喻上，是隐喻的向导。以认知语言学中的概念隐喻和概念转喻理论为根基，选取一则多模态环保海报为语料，探讨隐喻性和转喻性多模态海报语篇中整体意义的构建机制。通过细节分析发现，施喻者为体现婉转之意，使用从低等级源域向高等级目标域的隐喻，将抽象概念具体化。在转喻的使用中，部分代指整体的手法使用频繁，以达到在有限篇幅内实现意义最大化的效果。从语言以外的其他表意符号角度论证，概念隐喻和概念转喻的合理性是多模态隐喻和转喻研究的出发点之一，通过具体分析，有助于读者把握施喻者所传达的含义，也对未来海报、广告、漫画等形式的创作有启发意义。

2. 变异理论的解释

基本隐喻以身体为基础，复合隐喻的身体基础通过基本隐喻表现出来。基本隐喻通过三种方式实现身体化：

（1）通过对世界的体验，此种经验将感知运动经验和主观经验匹配起来。

（2）源域逻辑产生于感知——运动系统的推论结构。

（3）通过与神经连接。

认知语言学提供了全面分析道德概念及其内在逻辑的手段。其重要发现之一就是人类所有抽象道德概念都通过隐喻组织起来，而且这些隐喻的范围非常狭窄，都建立在关于健康、快乐的身体经验基础上。

（二）英汉数字隐喻的差异

接下来主要从一致性隐喻、可选择性隐喻以及唯一性隐喻等方面对英语和汉语中同一数字的作用差异进行论述和说明。

1. 一致性隐喻的差异

上文的分析显示英语和汉语中有相同或相似的数字隐喻，在一般图式上是一致的，但在具体应用中，又分别呈现特殊级别上的差异。以数字“7”为例，“7”是个世界性的神秘数字，在很多文化中都有神秘和神圣的含义。中国学者对它有深入的探讨，认为它是世界性的模式数字，那么“神秘、神圣是7”的隐喻成为语言中常见的现象。

下面实例中的“七”的隐喻意中均蕴含中国传统文化因素：

（1）七元之子主调气。（道家指耳、目、鼻、口七窍的元气）

（2）牵牛在河西，织女处其东；万古永相望，七夕谁见同！（女性爱情、婚姻等终身大事）

（3）今徽论西洋教宗如何，然而七日来复，必有人焉。（泛指阴阳循环）

（4）还有什么大姑爷、二姑爷，媳妇娘家，儿子舅家；七大姑，八大姨，一来就是几大轿车。（中国传统家族观念）

(5) 拼守着四贞五烈，怕什么六问三推，一任他万千敲打。(封建社会对女性的精神束缚)

(6) 炕背后空尾子里挂着一盏七星灯，灯下有几个草人，有头上戴着脑箍的，有胸前穿着钉子的，有项上拴着锁子的。(旧时的油灯)

以下为英语里的“seven”：

(1) There came up out of the river seven well favoured kine and fat fleshed. (从河中上来了七只母牛，色美体肥)

(2) Every time she wins a match she's in seventh heaven. (每次赢了比赛，她都快乐无比)

上述示例中的“seven well favoured kine and fat fleshed”意指“丰年”，现在也用以表示兴旺发达、繁荣昌盛的时期。例中的“in seven heavens”意为“在七重天”，喻极为快乐。此语可探源到古希腊时期，古希腊哲学家和科学家亚里士多德（Aristotle）推测，天是由七层静止不动的透明球体所构成的，日、月、星辰皆固定其上，这就是最早的地球中心说，也称“天圆地方说”。它统治了欧洲1000多年，因而在人们的观念中，天有七层，地有九重，各层各重皆有天堂地狱。九层地狱最苦，七重天堂极乐，是福大德高之人的去处。如果一个人死后能上七重天，那则是幸福之极、快乐至顶的事情了。所以欧洲各主要语种皆有“如上七重天”的说法，形容一个人欢天喜地的样子。在英语中便是“in seven heavens”。

“7”在英语中是个极为受宠的数字，很多语言表达中都含“7”，如“The seventh son of a seventh son（显要的后代）”“In one's seventh heaven（of delight）（在无限幸福中）”“Seven chief virtues（七大美德）”“Seven/nine days' wonder（轰动一时的事）”“The seven wonders of the world（世界七大奇观）”“The seven works of corporal mercy（七种人间善事）”“Until seventy times seven（直到七十个七次，比喻彻底地饶恕）”等。

这样，“Seven”因为与上帝有关而变得“神秘、神圣”，西方文化中的有关“7”的“神秘、神圣”成为一种集体记忆、一种意义潜势、一种预设，是数字隐喻形成的基础。

“神秘是7”(Mystery is seven）的来源域，在英汉两种语言中有不同的识解（Construals）。在汉语中，“七”有着神秘色彩浓厚的宿命般的定数，该隐喻的来源域识解为对宇宙的认识和对人本身的认识，从“七”的隐喻表达中可以看出中国古人对人自身的机体灵肉结构、生命成长的周期规律、女性生命的活动机制等独特的认知。“七”表达了生命规律的奇异和不可知，在和女性有关时还往往表达智慧、灵巧和优美的品质。在英语中“神秘”的来源域“Seven”被识解为对宇宙的认识、基督教的教义、神话、民间习俗等，英语中的“Seven”偏重于

“神圣、吉祥”的一面，引起人们美好、幸福、尊贵、慈悲的联想。在英语和汉语的文化中都有来自人类对宇宙的认识，如上面实例中的“In seven heavens”（七重天）是基于西方的“天圆地方”说。而“七”则是基于中国古人对天文星相的认识以及和时间、空间的关系，如“天一地二，天三地四，天五地六，天七地八，天九地十”。即便个体使用不同的语言文化，也可以形成共同隐喻文化的相关概念，但是会在细微之处引发文化发展目标的不同和异化。二者文化发展目标之间有着不同方向的侧重点，因此就会推动隐喻文化朝着多方面的方向发展。也就是说，个体认知水平的高低也同样作用于英汉数字隐喻，该隐喻不仅仅是认知主体的概念文化，也是整个社会文化概念化的过程。

2. 可选择性隐喻的差异

由于来源域和目标域在范围上的可选择性和多样性，使英汉数字隐喻思维呈现多样的差异，两种语言中数字隐喻的来源域和目标域的范围不同，即数量不同，以不同文化环境中各种类型的隐喻语言做对比，从而进行相关论述和说明。由此可知，不同的文化可以源于同一社会环境，而且单一的可选择性隐喻可以特指某一固定的文化目标或者文化活动。

（1）来源域不同，目标域相同。在英汉两种语言中都有“完满是数”的隐喻，二者目标域相同，但来源域的范围（The scope of source）和选择上有明显的不同，呈现出多样的差异性。汉语中“多、满”的来源域范围很广，数字“一”“三”“五”“七”“八”“九”“十”以及它们的倍数均表达“多”“满”“全”“整体”“极限”等意，下面是汉语中比较典型的“完满是数”的隐喻：

1）周大勇想：“我一生一世都要把参谋长这样的人记在心里。”

2）恰如人有一屋钱，散放在地上。

3）这些“老板”们商议之后，觉得来而不往非礼，合伙送他一顶“林老板”的帽子。不久，人家的帽子都一风吹了，他这帽子却象（像）在那稀疏的头发上生了根。

4）曾子曰：“吾日三省吾身：为人谋而不忠乎？与朋友交而不信乎？传不习乎？”

5）一国实三公，万人欲为鱼。

6）幸蒙垂盼，缘在三生。

7）五洲四海的人们都在以不同的眼光和兴趣注视着中国未来的发展。

8）天下五合六聚而不敢救，王之威亦单矣。

9）他们三令五申，巧立名目，也搞不出我任何问题。

10）今年呢，难得这样五谷丰登，稻子收得这样多。

11）果然那厢有座城池，六街三市，万户千门，来来往往，人都在光天化日之下。

12）新人到了香案前面，狄婆子用著挑了盖头。那六亲八眷，左右对门，来了多少人观看。

13）老太太因明年八十一岁，是个暗九。

14）亦余心之所善兮，虽立死其犹未悔。

15）可上立天揽月，可下五洋捉鳖。

16）楚人自古登临恨，暂到愁肠已九回。

17）土山平陵，漫衍相属，平原广野，此车骑之地也，步兵十不当一。

18）十目所视，十手所指，其严乎……故君子必诚其意。

19）你有十足的理由去起诉，你有十足的理由去要求赔偿，我只是要求你，宽容他一些。

20）故国三千里，深宫二十年。

21）后宫佳丽三千人，三千宠爱在一身。

22）白发三千丈，缘愁似个长。

23）亲结其缡，九十其仪。

24）三十六家花酒店，七十二座管弦楼。

在汉语中还有些数字组合形式如“百……千……”“千……百……”“千……万……”“万……千……”，它们表“多”“极多”，如“百花齐放”“百战百胜”“百病千灾”“百花千草”“千奇百怪”“千疮百孔”“千娇百媚”“万水千山”“千变万化”“千般万般”“千差万别”“千村万落”“千耻万辱”“千刀万剐”“千恩万谢”“万万千千”等。

在英语中，“One”有“满”和“全”的隐喻意，另外，“Seven”和“Nine”也常常有“多”和“满”之喻，而且百、千的倍数表“极多”“完满”的也很常见，如“tens of thousand”(成千上万)、“hundreds of”(好几百，许许多多)、“thousands of”(成千上万)、“millions of”(上百万的，几百万的）等。如以下例句：

1）I would like to thank you, one and all.(我想谢谢大家)

2）There was a lot of wrong with the phrase one big happy family. His family had been big. He'd had five sisters and three brothers and it had been far from a happy experience.(一个幸福的大家庭这一说法很不准确。他的家庭很大。他有五姊妹、三兄弟，可是这并没有使他们感到幸福)

3）We thought our cat would be killed when he fell from the roof of the house. He was not, he used up one of his nine lives.(我们以为猫从屋顶掉下来会死了，它并没死，只失掉九条命中的一条)

4）He is ten times the man you are.（他比你强十倍）

5）She has warned me against pickpockets twenty times.（她已多次提醒我小心扒手了）

6）We have a visitor, if you took a hundred guesses, you couldn't guess who.（我们有位客人，你猜一百遍也不会猜到）

英语中还习惯以一个数字后加“One”的方式表示多数，如：

1）I've got a hundred and one things to do today.（我有百样事缠身）

2）They were doing the experiment in a thousand and one ways.（他们做了一千零一次试验了）

3）A hundred to one it will be a failure.（这将极可能失败）

英语中“多、满”的来源域有“One”“Seven”和“Nine”。但较为常见的是“tens of thousand”（成千上万）、“hundreds of”（好几百，许许多多）、“thousands of”（成千上万）、“millions of”（上百万的，几百万的）、“a hundred and one”（许多的）、“thousand and one”（无数的，许许多多）；而在汉语中除了基数“七”“九”之外，“三”“五”“六”“八”也表“多”和“满”的概念，九的倍数（如三十六、七十二等）表“极多”，但在英语中没有此类现象。另外，汉语中有满数“三千”，而英语中的数字后加一个“One”表“多”，但汉语中很少见。这说明，由于英汉目标域“多、满”的概念的来源域范围不同，所以呈现出多样的语言形式。

（2）来源域相同，目标域不同。英汉中基本数字1～10隐喻的目标域范围存在很多差异，汉英数字1～10的隐喻目标差异对比见表4-2。

表4-2　汉英数字1～10的隐喻目标差异对比

数字	汉		英	
	目标域	例	目标域	例
1	短暂	摇身一变，一年半载	某个（指代先前提到的人或事情）	He is the one we chose as our leader
	直	一往无前，一望无际		
	少许	一知半解，一时半会儿	滑稽的笑话	A hot one
	清楚扎实	一个萝卜一个坑	一杯酒（指代）	Have a quick one
2	劣等	二把刀，二路货	不投机，不和	You and she are two, I hear
	接连	接二连三	多得很，很便宜	Two（for）a penny
			综合起来判断	Putting two and two together
			立刻，一转眼	In twos

续表 4-2

数字	汉		英	
	目标域	例	目标域	例
3	最次最差的	三青子（青皮，流氓）	三位一体	Three in one
	出差错，灾祸	三长两短	幸运	Three is lucky
4	多而乱	四分五裂	完全一致	On all fours
	少	四不拗六	四肢	Fall on all fours
5	多，壮，够呛	五荤三厌，五大三粗，五眉三道	拒绝回答	Five it
	各种各样	五光十色，五行八作	稍事休息	Take five
6	通顺	六六顺	不和	They are sixes and sevens.
	没有希望（赌博）	"六猴儿"	彻底打败	Hit (knock) for six
			不相上下	Six of one and half a dozen of the other
7	多且乱	乌七八檐，七零八落	极多	The seventh heaven Cof delight
8	多（否定）	八成吹了	处于困境	Behind the eight ball
9	各样	三教九流	缪斯九女神	The Nine
	转回本位	九九归一		
10	多少不等	凑个十块八块的	小憩	Take ten
	危险，精细	十死一生，十日一水	因太多而不值钱	Ten a penny
			上流社会	The upper ten

根据表 4-2 可知，英语的"One"和汉语的"一"均有较为广泛的目标域。除去相同和相似的目标域如"相同""全、满""统一专一""联合"之外，"一"还有"短暂""直""少许"；而英语的"One"则有"某个（指代先前提到的人或事情）""滑稽的笑话""一杯酒（指代）"。再如汉语的"六"的目标域有"没有希望（赌博）"和"通顺"；而英语的"Six"则为"不和""彻底打败""不相上下"。其他数字也各有差异。英汉基本数字 1 ~ 10 虽然有相同或相似的隐喻意，但它们之间有诸多差异，这些隐喻意义在英汉两种语言中均有较高的使用率，说明数字隐喻已经成为生活在两种语言文化中的人的隐喻思维体系中不可缺的一部分。

3. 唯一性隐喻的差异

唯一性隐喻是指从文化的角度看，有的概念性隐喻只有唯一的来源域和唯一的目标域。英语和汉语中都有一些源自本民族独特文化的词语，它们的喻义有文化上的唯一性。如下面的示例：

（1）汉语数字隐喻的唯一性。例子如下：

想来想去，新团长只好亲自去请福奎，动员他再站一班岗，他做好了三顾茅庐的思想准备。

汉语中有大量的数字隐喻，它们出自历史典故。"三顾茅庐"的来源域和目标域部是唯一的，此来源域来自人尽皆知的中国历史故事《三国志·蜀志·诸葛亮传》，"三顾茅庐"的目标域是对贤才的诚心邀请。

此类数字隐喻还有很多，如"四面楚歌""一枕南柯""一鼓作气""一曝十寒"、一鳞半爪""三人成虎""一叶障目""三马同槽""三迭阳关""三足鼎立""七擒七纵""九鼎大吕""三个臭皮匠，顶个诸葛亮"等。

（2）英语数字隐喻的唯一性。例子如下：

1）Rome was not built in one day.（罗马不是一天建成的）

2）Plead the Fifth.［拒绝回答与自己的活动有关的问题（拒绝陈述自己的理由或意见）］

3）Right as ninepence.［身体极佳（情绪高昂）；身强力壮］

4）Seven against Thebes.［比喻雷霆万钧之势（希腊神话）］

5）A nine days' wonder.（轰动一时的事物；昙花一现的新鲜事）

上面从历史文化、文学、神话传说、习俗和生计四个方面列举了英汉数字隐喻来源域和目标域的唯一性，可以看出二者都因来源域各异而使得目标域迥然不同，因而数字隐喻在英语和汉语中的语言表现形式有很大的不同。

二、英汉数字隐喻差异的原因

上文从隐喻的来源域和目标域范围角度考察了英汉数字隐喻的差异，已经显示出文化因素在来源域和目标域的选择上有所不同。隐喻变异性的原因主要有经验的差异（Differential Experience）和认知偏好或认知方式的差异性（Differential Cognitive Preferences or Styles）。涉及认知偏好或认知方式的差异性的几个因素，这些因素包括经验焦点、视角偏好、原型与框架等。

（一）英汉数字隐喻中的经验差异

整个世界包括人们的身体和物理世界，而人们还生活在社会和文化的环境中，这些因素都会影响到语言中的隐喻。产生人类经验差异的几个因素有语境意识（Awareness of Context）、不同的记忆（Differentia Memory）、关注与兴趣的差异（Differentia Concerns and Interests）以及各种次范畴等。如以下示例：

（1）A man passed down the street, which were three sheets in the wind.（一个醉汉沿街而下，摇摇晃晃，步履蹒跚）

（2）Talk about doing things at the eleventh hour! I mailed my income tax returns a few minutes just before midnight on the 15th, April deadline. But boy, I am glad to find out I had plenty of company at the post office.（说到把事情留到最后一刻去做，我在4月15号最后期限的午夜前几分钟把所得税的报表寄出了。可是，我很高兴在邮局发现有好多人跟我一样）

（3）It's six of one and half a dozen of the other, so far as being on the square goes.（说到诚实公正，两个人都差不多）

上面的例子反映了英语中的数字隐喻受地理环境、社会、历史和文化交流的影响，这些都是过去社会文化的历史经验，社会历史为思维的理解提供来源域。目前，人们常见的隐喻语言主要是体现人们对不同文化的不同理解，譬如说，生活在同一语言环境中的群体，会由于隐喻语言认知水平的不同，从而产生新的语言文化记忆。社会活动一定程度上保证了隐喻语言的来源，同时隐喻语言也为个体生活理念的变化提供新的支撑体系。

除此之外，在不同的语言体系和文化环境中，社会群体和个体所关注的语言现象也会导致隐喻语言的异化。譬如，英语中有许多数字隐喻来自体育运动，特别是球类运动，如：

（1）Hit sb. for six.［毁灭性打击；彻底驳倒（板球运动）］

（2）Nineteenth hole.［高尔夫球俱乐部的酒吧间；餐馆（高尔夫球）］

（3）Old one-two.［左右开弓，两相配合（拳击）］

（4）One-to-one.［一对一的，面对面的（比赛、抗衡）（篮球，足球）］

（5）The Eights.［每年夏季牛津、剑桥大学各学院间举行的划船比赛］

（6）In the eleven.［成为（球队的）一员］

（7）Go two-forty.［快速行进；仓促、迅速行动（赛马）］

汉语中的数字用于体育活动的有“九柱戏”“双节棍”“三级跳”“十八掌”“六合拳”“两人三足跑”“九节鞭”等，与英语有所差异。

在数字熟语上还可以看出其他文化对英语的影响。上文提到的“Six of one and half a dozen of the other”（一边是六个，另一边是半打；半斤八两），反映的丹麦的12进位制。“It takes two to tango”（需要合作者：平均分担），原意为“无伴难跳探戈舞”，源自阿根廷。

英语数字呈现出的不同关注渗透到文化的各个方面，如地理环境、政治、军事、生计、娱乐等。以下对汉语进行分析：

（1）2018年的春运，来得比往年更早，踏入元月就逐渐升温了，从千里铁道线，到万里高速路，从空运到海运河运，工作人员和乘客，甚至义工都在忙碌，共同演奏着这样一首春运协奏曲——归家，一路平安。

（2）那里还真有一片海呵！浩瀚的湖面碧波万顷，在夕阳的辉映下流金溢彩，令人陶醉。

（3）在传统的花鸟文化中，鹤是“一人之下、万人之上”，地位仅次于“凤”，而居人臣之极。

（4）他们或则拿一时一地的强弱现象代替了全体中的强弱现象，一叶障目，不见泰山，而自以为是。

（5）按照贺人龙的说法，这是照顾乡亲，也是打不散的子弟兵。照他手下人们说法，这就是俗话所说的：“朝里有人好做官”“一人得道，鸡犬升天”。

就地理环境来说，中国东部临海，西、北高山环绕，绵延不断的历史造就了中国的内陆文化，汉民族较看重路和河，与路有关的数字词汇大多含褒义，“一路平安”即是如此。在内陆和海洋的关系上也有独特的理解，如例中的“碧波万顷”“顷”本是田地面积的单位，1顷等于100亩，这里用来计量海水，说明中国古人是以陆地为主位看待周围海洋的。再如“一碧万顷”“一路顺风”“一路福星”“百川归海”“一方水土养一方人”“十年河东，十年河西”“十日滩头坐，一日国九州”“十年天地干戈老，四海苍生痛哭深”等。

数观念渗透到了汉民族社会、文化语境的方方面面，如中国古人的“因数明理”和种种的数字吉凶观念，数已经深植于汉民族思维之中，如政治、军事、家族观念、人生哲理、生活常识等。在政治方面，如“一统天下”“一轨九州，同风天下”反映了君王的大一统思想，而违背这一思想的“一国三公”“一国不容二主”则含有强烈的贬义色彩。在政治措施方面，除了强调对君王的绝对服从和严格的等级秩序之外，也有笼络人心的亲民政策和用人之道，例中的“一人之下，万人之上”即属此类，又如“一视同仁”“一人用而天下从”“一朝天子一朝臣”“一人有庆，兆民赖之”“一朝权在手，定把令来行”“一国之政，万人之命”“一夫得情，千室鸣弦”；而“一官半职”“十羊九牧”和“一世为官三世累”则反映了官场的复杂和人们对中国官场的嘲弄。

示例中的“一叶障目，不见泰山”和“一人得道，鸡犬升天”则反映了中国的社会文化历史。众多的数字典故折射出汉民族共享的集体意识，如上面提到的“四面楚歌”“一枕南柯”“一鼓作气”“一曝十寒”“一鳞半爪”“三人成虎”“一叶障目”“三马同槽”“三迭阳关”“三足鼎立”“七擒七纵”等，这些数字熟语的喻义以常规化的模式映射，呈现一种模式化的隐喻思维。

（二）英汉数字隐喻中的认知偏好差异

同一个概念隐喻在不同的语言体系中，就会导致语言表达出现异化。但是这些异化都是较为细微的，不容易被主体发现。主要的变化有语言辨识度发生变化、语言表达顺序发生变化、常规化程度不同、语言现象具体化程度不同以及隐喻现象的异化等，这就会使得隐喻在不同文化中产生不同的语言现象。

就语言阐释度来说，阐释就是某一隐喻映射所产生的语言表达形式的数量，具体化的程度和事物或事件的级别有关。例如：（Caused）Change of state（caused）motion into a conitainer.（状态的改变导致流进容器），这一隐喻可以用在普通级别和特殊级别两个层面上，如以下例句：

（1）His behavior sent me into a fury.（他的行为激怒了我）

（2）She went crazy.（她气疯了）

（3）The news threw him into a terrible state of anxiety.（这个消息让他极度焦虑）

（4）He flew into a rage.（他大发雷霆）

概念隐喻的范围指的是一特定来源域应用的目标域的数量。两种语言中隐喻范围的差异是很明显的。从对英汉数字一致性隐喻、可选择性隐喻和唯一性隐喻的考察可以看出，数字隐喻映射在英语和汉语中产生的语言表达形式的数量有很大差异，即语言的阐释度各有不同。

同一概念隐喻在不同语言中显示出差异性，某一隐喻映射所产生的语言表达形式的数量不同，某一特定来源域应用的目标域的数量不同，英汉两种语言中隐喻范围的差异是很明显的，这些都属于认知偏好。

涉及认知偏好或认知方式的差异性的因素有经验焦点、视角偏好、原型与框架、隐喻和转喻偏好等。

1. 经验焦点差异

经验焦点的差异存在于不同的经验焦点主体之中，而不同的经验焦点就是指在人类逐渐认知隐喻的过程中，不同的认知个体会在认知过程中逐渐会有侧重地探索不同方面的功能，或者说忽略个体的某些功能。下面以英语和汉语里都有的含人体器官的数字词汇为例，来说明二者的经验焦点的差异。二者的比较见表4-3。

表4-3　英汉有关人体器官的数字用法比较

人体	汉　语	英　语
头、脑	（1）三头二面； （2）三砖打不透	（1）In two minds（三心二意）； （2）One-track mind（褊狭的头脑）； （3）Two minds with but a single thought（两人想到同一问题上去了；两人有着相同的用心和目的）； （4）Two heads are better than one（三个臭皮匠胜过一个诸葛亮）

续表4-3

人体	汉语	英语
面部器官	(1) 耳目一新； (2) 一鼻子灰； (3) 一瞑不视； (4) 百口莫辩； (5) 一个鼻孔出气； (6) 一把鼻涕一把泪； (7) 一口吃不了个胖子； (8) 三日不见，刮目相看； (9) 七窍里冒火，五脏里生烟； (10) 三头二面	(1) The two eyes of Greece（希腊古代的两座城市“雅典”和“斯巴达”）； (2) To look nine ways（斜眼看人）； (3) In the country of the blind, the one-eyed is king（盲人国里独眼称王）； (4) Third ear（告密者）； (5) Four eyes see more than two（两个人比一个人看得清楚）； (6) Four eyes（戴眼镜的人）； (7) Look two ways for Sunday［（眼睛）斜视；显得无能］； (8) Make three bites of a cherry（一颗樱桃分作两口吃）； (9) Two-faced（搞两面派的；伪善的，口是心非的）
手、脚、四肢	(1) 一手硬，一手软； (2) 一手独拍，虽疾无声； (3) 一失足成千古恨； (4) 一步一个脚印； (5) 一步两脚窝； (6) 一个巴掌拍不响； (7) 十个指头不一般齐； (8) 一棒一条痕，一掴一掌血； (9) 十指连心； (10) 十目所视，十手所指； (11) 四脚朝天	(1) Two left feet（手脚不灵）； (2) Bunch of fives［（俚语）拳头］； (3) A bird in the hand is worth two in tlie bush（两鸟在林，不如一鸟在手）； (4) Two-finger exercise（未用全力从事的事）； (5) Two-handed game［（俚）机会均等的比赛或提议］； (6) Five-finger（贼，机手；五年徒刑）； (7) One hand washes the other（互相帮助；互相利用）； (8) Ten commandments（女人的十个指头；十指抓痕）； (9) High five［两人击掌（表示欢迎）；握手又作：slip some skin］； (10) Two-legged mare：the gallows（绞刑架）； (11) Two-legged wolf：a rapacious person（贪婪的人）； (12) One-arm（ed） bandit（自动赌博机）
内脏	(1) 五脏六腑； (2) 三人一条心，黄土变成金； (3) 一心不能二用	(1) Two heart（有二心；不真诚）； (2) A man of two hearts（不真诚的人）； (3) Two of a kidney（两人想法相同）
器官之间的关系	(1) 一举手一投足之劳； (2) 一发不可牵，牵之动全身； (3) 七窍里冒火，五脏里生烟； (4) 十指连心； (5) 十目所视，十手所指； (6) 三头二面； (7) 一尺之面，不如一寸之眼； (8) 耳目一新	By the skin of one's teeth（九死一生）
整体	四平八稳	—

从表4-3看，英汉涉及人体器官的数字词汇中，有许多相似之处，如“头”“脑”“心”“思想”，在面部器官方面，有关“眼”的数字隐喻较常见。但不同的

是，汉语有关于“鼻”的隐喻，如“一鼻子灰”比喻一方的热情主动遭到另一方的冷漠对待；“一个鼻孔出气”比喻双方的思想言行完全一致，含贬义；“一把鼻涕一把泪”比喻很伤心。英语中很少见此类隐喻。另外，在内脏方面，英汉都有关于“心”的隐喻，但特殊的是，英语中有“Two of a kidney”的说法，比喻两人想法相同，英语中“Kidney”还有“个性，性格”的意义，汉语中很少有类似用法。

英汉数字词汇中还有一个明显的不同，汉语中表达了人体各器官之间关系，如手和脚、手指和心脏、眼与耳、眼与手、面部和眼、五官和内脏、头发和全身等，而英语中较为少见。究其深层意义上的原因，应该和中医学说的整体论有密切的关系。中医学以系统方法为主，朴素的元素分析方法和系统方法相结合，来对脏腑形体官窍的相关结构、生理活动的相关规律以及二者之间的相互关系进行研究。中医认为，人体的五脏、气血、经络、形体官窍之间相互贯通，彼此互相作用，从而形成人体活动的功能结构。在中医看来，该结构不仅受到天地、四时、阴阳等客观因素影响，还受到个体自身人体结构整体、局部等变化的影响，从而将个体和客观外部环境列入同一个运行网络结构体系之中。如中医认为口鼻为“气之门户”，而人的七窍都是相通的，所以有“一把鼻涕一把泪”的说法。

从上述分析可以看出与人体器官相关的英汉数字隐喻有不同的经验焦点。

2. 视角偏好差异

视角偏好指的是不同文化的人看待同一事物的角度有所不同。如“There is a rock in front of the tree”，在某些说英语的人所在的文化中，人从自身的角度去观察树，认为“石头”介于“我”和“树”之间；而在 Hausa（豪萨人）语中，石头位于远处的树附近。在数字的具体应用中，汉民族将数字的测量功能应用到社会、文化的各个方面，从测量的角度对人和事物进行衡量，下面的例子中数可以测时间、情绪、智力、责任、景色等等，显现出汉民族独特的审美取向。比如：

（1）一寸光阴一寸金。（寸：长度单位，测时间）

（2）一寸相思一寸灰。（寸：长度单位，测情绪）

（3）一寸离肠千万结。（寸：长度单位，测情绪）

（4）八斗才。（斗：体积单位，测智力）

（5）千钧重负。（钧：重量单位，测责任）

（6）一竿风月。（竿：长度单位，测景色）

英语中的数测量范围比汉语有限得多，偏重于对事物的物理测量。在下例中，数可以测酒量、距离、深度等：

（1）One over the eight.［微醉；喝多了（指一个人的正常酒量为 8 品脱）］

（2）At seven-league.［大踏步地（里格为长度单位，相当于4.8公里）］

（3）The six-foot way.［铁路（两条铁轨之间的距离为六英尺）］

（4）Two cent.［不重要的事；极微小之事（货币单位）］

3. 原型与框架差异

由于社会文化的影响，数字1~10在英语和汉语中的原型概念有所不同。上文论述了对数字的目标域在两种语言中各自不同的识解，语言则呈现多样化的变异特征。认知风格还包括不同的框架，即隐喻的映射机制在细节上有差异，英汉中的“九”和“Nine”都有“神性”“神圣之至”的喻义。如英语中有下面的表达：

（1）She dressed herself up to the nines and went to the party.（她打扮得楚楚动人去参加晚会）

（2）Father bought me a bike, and I was on cloud nine.（爸爸给我买了辆自行车，我万分高兴）

（3）Possession is nine points of the law.（占有者在诉讼中总占上风）

（4）His being caught shoplifting was a nine days' wonder.（他在商店扒窃一事曾轰动一时）

相比之下，汉语中有以下表达：

（5）九转九还功若就，定将衰老换长春。（吕岩《七言诗》）

（6）接成汤之胤，位九五之尊。（《封神榜》）

以上例句都用了“等级最高、极为尊贵、极多是九”的隐喻。

英语中“Nine”的原型意象强调“极其美好”，偏重“Nine”的终极性，而汉语中的“九”反映出的等级性比英语明显。上例中的数字熟语“三六九等”“九转九还”和“九五之尊”带有明显的中国封建社会上下、尊卑的等级秩序的痕迹。

英汉之间由于文化差异，以至于其数字隐喻之间也存在一定区别。该区别存在于其一致性隐喻、可选择性隐喻、以及唯一性隐喻之间，三者之间的差异，均和隐喻的结构有关，如来源域和目标域的范围、对应关系、文化经验的作用、映射机制等。从经验差异、认知偏好及有关因素，如经验焦点、视角偏好、原型与框架等方面对英汉数字隐喻的差异进行了解释。不同的地理环境、历史文化、政治、习俗、文学等文化因素是造成这些差异的源头。

关于隐喻的普遍性和变异性，蕴涵（身体的、神经的基础）、社会文化经验（语境）和认知过程，三者同时起作用。人类的认知机制是普遍性的，但是他们的应用却不是，在不同语言中，人们有不同的认知偏好。不同的社会文化经验和不同的认知机制（认知偏好）会导致隐喻的变异。一定程度上，如果要实现隐喻语言的共同发展，就必须保证其产生的语言基础与生理基础之间相互共通，从而使得隐喻语言形式的形成不受限制，但是隐喻具体的表达依旧取决于该语言产生的社会大环境。

就英汉数字隐喻来说，共同的生理机制只是为概念隐喻提供了潜在的生理基础。人类的数范畴是普遍性的，但它的应用却蕴涵了复杂的文化因素，文化经验和认知偏好在数字隐喻中起着极其重要的作用。文化经验和认知机制是建立在人类共同的生理和神经基础之上，身体生理机能的普遍性会导致概念化的普遍性说法是将问题简单化，而文化中的变异会排斥概念化的可能性也同样将问题简单化了。隐喻的普遍性和变异性同时存在、互相关联，是矛盾的两方面，强调任何一方都有失偏颇。英汉数字隐喻的共性与差异同生理机制、文化经验以及认知机制的关系如图 4-1 所示❶。

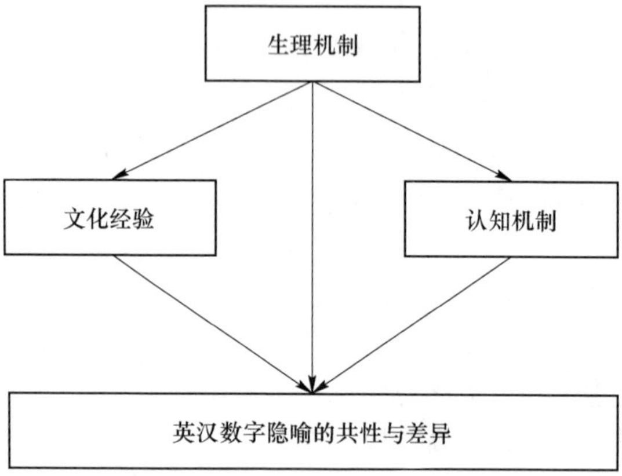

图 4-1　英汉数字隐喻的共性与差异同生理机制、文化经验以及认知机制的关系

第三节　英汉数字熟语中的隐喻对比

一、英汉数字熟语中的常规隐喻

（一）英汉数字熟语中的常规化映现

熟语为具有字面意义和比喻意义双重意义的凝固化词组，包括成语和惯用语。在提到英语的“Idiom”时，一概使用“熟语”一词。数字熟语是含有数字的熟语，数字熟语同时具有数字范畴和熟语的常规性特征，数字的隐喻意已固化

❶ 郭姗姗. 英汉语言世界图景中时间的空间隐喻表征形式的研究［D］. 长春：长春理工大学，2012：21-32.

为熟语常规意义的有机成分。

在英汉数字熟语语义扩展的过程中，隐喻和转喻同时起着重要的作用。隐喻语言能够无意识的影响人类社会行为才是最重要、最关键的，而通常此种隐喻是人类在社会行为活动中通过长期的实践建立的。比如，表示人体任何部位的词语都有隐喻的用法，汉语中有“山头”“山腰”“山脊”“山脚”，英语中有“Arm of a chair”“Arm of a tree”“Arm of a coat ”。日常语言中充满了常规隐喻，常规的隐喻在一定意义上已经成为目前常见一些词汇的一部分，无论是对其进行联想还是意义上的拓展延伸，都已经成为目前较为常用的词汇意象，也就是人们常说的常规化意义。英汉数字熟语隐喻中有些已成为常规化的隐喻，成为人们隐喻思维体系的一部分。

（1）超隐喻和超转喻。英汉熟语有许多都来自历史事件、名人轶事、神话传说、寓言故事、古人虚构的故事等，这些统称为典故。典故在一定程度上可以被看作是历史事件的隐喻，是指人们在古代古老传说和寓言故事等所代表的文化影响下，对具体事件进行感知、体验，甚至加以想象，从而对该事件得出自身的理解和看法，使其外化为特定情况下人类的心理变化和语言行为。这种熟语高度常规化，其来源域和目标域之间的映现关系已变得不那么明晰，大多不为人所知，成为所谓的“死隐喻”，有人称之为超隐喻（Hypermetaphor）和超转喻（Hypermetonymy）。也就是，这些熟语的使用不再依赖原有的场景，其实这只是因为这种映现关系被隐含了。

（2）数字熟语典故的常规化映现分析。从熟语原来典故中的意义到常规化意义的扩展是一个逐渐脱离语境的过程。在脱离语境的过程中，语言单位的语义明确化或规约化。虽然数字熟语典故的常规化程度不同，但来源域中的故事和目标域的认知映现依然是数字熟语意义建构的重要心理过程。在典故的认知力中，叙述想象（Narrative Imagining）是思维的基本工具，典故包含了预测、评估、计划、解释、故事（包括主人公和事件）、映现、转喻、图式和概念整合等功能。

数字熟语中所包含的凝固化的隐喻概念以及映现关系存储在说汉语的人的长时记忆中，成为模式化的固定结构。从认知心理学的角度讲，这种长时记忆中所存储的信息是人们过去所经历的各种经验和体验以及有关世界上的各种知识，为人们的一切活动、行动提供必需的信息基础，使人们能够识别各种模式。在该熟语的应用过程中，也就是在具体语境中，保存在长时记忆中的信息会被提取到短时记忆中，并且通过对问题的解决、决策等过程来实现当前的任务，即完成该熟语的语义扩展。

文化模式是一个民族最具代表性的各种文化经验感知和习惯。一种特定的文化，在一定程度上就像是一个独立的个体，拥有一定的思维能力。而在每一种文化中，一些较为特殊的文化是不具备分享性的，也就是说，该文化在发展过程中，不以分享交流为目的。不同文化模式下的约定俗成对数字隐喻的理解起着原型参照的作用，制约着数字隐喻的常规化映现，相同的数字在英语和汉语中有迥异的理解。

文化模式是整个语言社团（Language Community）所共享的，而不是个人的。对本族语的人来说，语言符号由历史性的任意性转化为可见的心理认同，从文化的表现形式中可以寻出它们的理据，而对说汉语的英语初学者来说是有一定困难的。大部分的隐喻映现是从人类的基本经验到抽象的思维活动，其中，文化模式制约着英汉数字熟语的常规化。

（二）以相似性为基础隐喻的映现

1. 以“数觉”为基础的相似性

在以相似性为基础的映现中，熟语的来源域和目标域之间存在感知的共现（Cooccurrence）。视觉动词一般具有心理活动的抽象意义，“数觉”和“计数”不能混为一谈，“数觉”是人的一种才能，由于人有了这种才能，当在一个小的集合里边，增加或者减去一样东西的时候，尽管他未曾直接知道增减，他也能够辨认到其中的变化。由此可见，“数觉”是人对数的心理感知，与其他心理感知是相通的，如视觉数觉。若进入一间屋子，一眼就能看出屋中的人比平常要少些，也许某个熟悉的面孔没出现。再如，五粒豆子排成直线，乍看也许不容易辨别究竟是四粒还是五粒，但若排成梅花形状就容易多了。另外，耗费体力所带来的生理上的疲劳也有助于正确估计数量，比如上楼梯，三层和十层的感觉会迥然不同。正是人这种心理上对数的感知，人类得以用数的概念描述人和世界万物的性质和种种关系，以及人的心理世界（如观念、思想等）的种种无形关系，如与数概念有关的各种抽象意义，像分类（包括比较、等价、异同、分配等表关系的概念）、排序（包括循环、变化等概念）和测量（各种数量关系如大小、轻重、长短、厚薄、深浅等）。

如数字“一”是整数，是最大的整数，引申出“同”义来描述事物之间的关系。汉语有“一视同仁”，表对人不分亲疏，用数来规范、衡量人际关系，是人的价值观的体现；“一天星斗”和“一身是胆”中的“一”是“满”的意思，由“一”的整体性而来，是数字隐喻由物理数觉到观念上的抽象数觉；“一往无前”和“一望无际”中的“一”意为“一直”；“一如既往”和“一改故辙”中的“一”意为“全，都”。以上是人们隐喻地将客观世界和心理世界数量化的表现，从物理数觉到人类对世界各种关系的描述之间存在着相似性，通过类比和心理联想实现跨域映现。汉语中类似的例子还有：

（1）然才不出众，德在人下，存亡去就，如九牛一毛耳。（表比较）

（2）只见余火尚存，烟焰未熄，烧得七狼八狈。（形容困顿，狼狈不堪，量

化困顿的程度）

（3）焦大郎家事原只如常，经这一番大弄，已此十去八九了。（表比例）

（4）于是，不管三七二十一，扑里扑腾就挥起镰刀。（计算法则：算法）

（5）夫富强之术，不得其人不行：得其人，而任之不专，不行；任之专而惑于人言，二三其意，又不行。（表分配）

（6）You are a fool of the first water.［你真是个大傻瓜（表程度，以“first”表第一流，最）］

（7）David, not one man in a thousand would have forgiven you as he has done.［大卫，很少有人会像他那样宽恕你］

注：“one man in a thousand”意为千里挑一；稀有的（表比例）。

（8）The boy has taken too much dirty water, and twenty to one he will be sick.［那孩子喝了不少脏水，十之八九要生病的（表比例）］

（9）You and she are two, I hear.［听说你俩意见相左（表差异）］

（10）On these points only are we at one.［我们仅在这几点上看法一致（相同）］

从以上实例中可以看出英汉数字熟语中都有类似的数字隐喻现象，基于人类普遍存在的数觉基础上的各种物理特征被映现到其他认知域，成为人们常规化的概念形成方式。

2. 汉语中含“数”“算”与英语中含“Number”词语中的隐喻

在《汉语大词典》和《英汉大词典》中选取含“数”“算”“Number”的词语做比较，可以看出与数有关的隐喻运用。汉语“数”的意义中除了数的本义“数字，计数”之外，主要还有其他意义：

（1）查点（数目）；逐个说出（数目），如：数白论黄（计较银钱）。

（2）比较起来最突出，例如：数不着，数得上。

（3）枚举，如：不可胜数，历数其罪，数之于前。

（4）数落，责备，如：教骂（数落责骂），数说，数道（责难，责备）。

（5）气数，命运，如：命数，数奇（命运不佳，遭遇不顺）数命（命运），数尽禄终（死亡），数劫（厄运）。

以上词汇表明汉民族自古以来对数的重视，将数的观念应用到社会文化生活的各个领域，数成了衡量万事万物的工具，数可用来计量时间、人的性格、命运等抽象概念。而且“数”和“算”还有密切关系，汉语里含“算”的词汇也很丰富，隐喻意义主要有“谋划、计划、推测、认作、当作、承认有效力、作罢、不再计较”，如算得、算计、算是、算账、算无遗策、暗算、推算、说了算、算进、算计弗通（考虑不周；谋划失误）、算度（分析，判断）、算略（谋略）、算划（计划，谋划）、算部（指寿命）、算发（年龄不大而白发多）等。比较英语中含“Number”的词语：

（1）Number two.（副主席，第二把手）

（2）A back number.（过期的刊物，过时的人物）

（3）Among the number.（在其中，包括在内）

（4）By the numbers.（合拍地；以规定的动作按“一，二，一”的口令齐步走；系统地；按常规地；机械地：不动脑筋地）

（5）Do a number on.（取笑，戏弄；贬低，诋毁：欺骗，把引入歧途）

（6）Get sb.'s number.（把某人了解清楚；弄清某人的弱点；摸透某人的底）

（7）Have sb.'s number.（对某人的能力心中有数）

（8）One's（lucky）number comes up.（走运）

（9）Opposite number.（对等人物；对等机构）

英语含“Number”的同语里也大量存在隐喻现象，从中可以很清晰地看到数字物理特征作为来源域到目标域的映现，这种映现以相似性为基础。和汉语相比，英语中含“Number”的熟语的隐喻意义属非正式语言表达的较多。就词性变化角度看，除本义之外，英语“Number”隐喻义词性较为单一，主要有“列举”“编号”等，而汉语的“数”和“算”还有“责备”“比较”等义，这说明汉语中数字隐喻化程度较高。❶

二、英汉数字熟语中的语义扩展路径

在英汉数字熟语的语义扩展中，隐喻和转喻是两种主要的认知操作。它们同时起着重要的作用，有时很难区分到底是哪一种起着主导的作用，一个熟语有时可以做隐喻和转喻两种解释和理解。

由于数字熟语隐喻意义的常规化，有时有些隐喻和转喻会变为超隐喻和超转喻。它们的初始来源域变得隐含了，但如果对其一无所知，那么熟语的理解将无从谈起。因此，数字熟语常规化隐喻和转喻的来源域在听话人对该熟语的理解方面起着不可替代的作用。

英语和汉语中的部分数字熟语存在常规化较高的隐喻和转喻映现，这种思维已成为一种习惯，不为人察觉。其中，某些数字也已作为其不可分割的有机成分，表达着宇宙尊敬的古老观念，由数延伸出的吉祥、完美、神性、对立等概念已高度常规化，这种描述世界的基本体系似乎已隐退到人类思维的深处。但是，它们仍然决定和引导着人们看待世界的最根本观念，唤醒并深入了解其来源域对数字熟语的运用有重要意义。这种数字的常规化含义为数字的语义化。那么，从

❶ 何寿鹏，谢庆飞. 论英汉语言对时间概念隐喻认知的方式和差异原因［J］. 时代文学（下半月），2010（05）：91-92.

认知语义学的角度来看，这种“语义化”即数字的“隐喻化”，除了这些最基本的常规化的数字隐喻和转喻，由于各种文化因素的影响，某些数字不断被赋予新的隐喻和转喻义。

英汉数字熟语的常规化隐喻和转喻映现。虽然它们的来源域已不再明晰，但在数字熟语的理解过程中，来源域中的故事或人物框架对其使用中的隐喻意义起着引导和制约作用。其中，隐喻映现以相似性为基础，由于数觉和其他人类感知相通，人们用种种与数觉有关的概念隐喻描述整个客观世界和心理世界。转喻映现以框架和概念邻近为基础并受到认知原则的制约，而文化因素制约着二者映现的过程。隐喻和转喻二者相互联系，有时一个数字熟语同时存在两种映现过程，有时很难分辨到底是哪一个居主导地位。总之，隐喻和转喻同为英汉数字熟语语义扩展路径，它们共同作用，相互交织。

第五章　英汉情感、颜色与饮食隐喻的认知对比

人的情感往往是复杂、模糊、抽象甚至难以表达的感觉，所以人们通常通过隐喻化的方式来更加生动、贴切、形象地进行情感表述。在普通心理学上，人类的感情体验共有四种最原始、最基础的情绪，分别是喜悦、愤怒、恐惧以及悲伤。本章对英汉“喜悦”“愤怒”“恐惧”“悲伤”颜色以及英汉饮食隐喻认知对比进行论述。

第一节　英汉“喜悦”隐喻的认知对比

20 世纪 80 年代，有学者开始研究关于情感概念隐喻的认知语言学，从认知角度对汉语中表达情感概念的隐喻方式做了系统研究。“快乐”与“喜悦”都是人类最基本、最重要的一种情感。喜悦的强度与达到目的的容易度和或然性有关。下面开始对日常英汉语中“喜悦”情感概念隐喻的认知模式及表达方式进行归纳与分析。

一、英汉“喜悦”隐喻的认知共性分析

“喜悦”在普通心理学中的定义是某一个体达成目标以后，内心紧张情绪解除，心理上产生舒适和愉快之感，愉快的强度与目标达成的或然性和容易程度直接相关。即便英汉两种语言在起源、发展和演变过程中都存在很多不同之处，但是两者在“喜悦”情感隐喻方面还是有很多共性，表明起源于不同文明的语言之间也是共通的。不同语言之间之所有具有此种普遍性，是由于全人类面对着相同的客观世界，遵循着同样的客观规律，此外也拥有着类似或相同的感知能力、认知能力和身体器官。因此，即使人类使用不同的语言，但基本思维是共通的，也就产生了大致相同的概念隐喻。

（一）“喜悦至上”

情感会影响身体的变化，当人喜悦的时候，通常会昂首挺胸，因此形成了“喜悦至上”(Happiness is up）这一概念隐喻。日常语言中也存在着许多具体的

语言表达式：

（1）在英语中类似的语句包括：They are feeling up；The news boosted my spirits；Thinking about her always gives Tom a lift；His spirits rose。

（2）在汉语中类似的语句包括：同学们情绪高昂；他的一番话提起了我的兴致；领导正在兴头上；小朋友兴高采烈地走过来。

在上述例子中，“up”“boost”“lift”“rise”“高昂”“提起”“兴头上”“兴高采烈”等词语都含有向上的意思，用来隐喻表达喜悦的情绪，让抽象的情感形象化、具体化。

隐喻具体可以分为三种，分别是实体隐喻、容器隐喻和方位隐喻。“喜悦之上”就是明显的方位隐喻。因为人类长期生活的空间本身就是三维立体空间，所以即便是利用不同的语言表达抽象情感时也都诉诸方位。不管是语言发展历程中还是人类认识过程中，空间方位都是最容易为人感知到的。人类早期就有空间概念，人类开始将一些用来描述空间概念关系的词语用于隐喻难以形容的、复杂的、抽象的情感概念。由于人类具有相似的心里感受和生理体验，且在空间认知方面是共通的，所以会存在相同的方位隐喻，如“喜悦至上”。

（二）“喜悦是光”

“光”能通过明亮和温暖让人感知到愉悦的情绪状态。在人们的认知中，“光”总是美好与希望的象征，多是和积极正向的情绪交融在一块。所以，英汉两种语言中都有“喜悦是光”（Happiness is light）这一概念隐喻，日常语言中也存在着许多具体的语言表达式：

（1）在英语中类似的语句包括：When he heard the news，he lit up；Miss Tang radiates joy；Her eyes was shining/sparking。

（2）在汉语中类似的语句包括：他笑得容光焕发；见到地质勘探队，索南达杰眼睛亮了。

人们往往借由身体来表达自身情感，所以从人的表情或者身体部位都可以观察到喜悦情感的自然流露。当人们感受到喜悦和高兴时，就会“眼睛发亮”“容光焕发”“light up”“radiate”“shine”“sparkle”。

（三）喜悦是容器中的液体

人类的普遍认知里之所以会存在抽象概念，都是源于人的身体部位，其也是人类初始思维的切入点。英汉两语都将情感体验和感受的主体也就是人，当作情感的容纳体。日常语言中也存在着许多具体的语言表达式：

（1）在英语中类似的语句包括：She is full of joy；Joy welled up inside her；She over-flow/burst with joy。

（2）在汉语中类似的语句包括：他心中充满喜悦；他再也按捺不住心中的喜悦；喜悦之情如泉水流入他的心里。

人一般感受到兴奋和喜悦时，血压升高，心跳加速，血液循环畅通，血液向上奔涌，容器中的液体液面逐步上升，直至容器顶部外流（Overflow/Burst）。

（四）喜悦是好天气、颜色、味道

1. 喜悦是好天气

怡人的天气使人心舒气爽，使人心情愉悦。日常语言中也存在着许多具体的语言表达式：

（1）在英语中类似的语句包括：She is breezy today；She has a brilliant/sunny smile。

（2）在汉语中类似的语句包括：她春风得意；她有着灿烂的笑容。

2. 喜悦是颜色

当人感受到喜悦时，体内和身体温度都会发生相应改变，这些变化通过脸部颜色向外显露出来，因此很多人兴奋时会红光满面。日常语言中也存在着许多具体的语言表达式：

（1）在英语中类似的语句包括：Her flushed face was shining with excitement；She blushed at the praise。

（2）在汉语中类似的语句包括：她兴奋得满面红光；听到夸奖，她脸红了起来。

人们生活的环境是色彩鲜明的客观世界，人的视觉神经在各种颜色的刺激之下会产生不同的情绪感受。例如红色给人以高兴的感受，绿色让人更加平静，黑色则使人感觉到压抑，这些都印证了心理和生理息息相关这一观点❶。通过同一种刺激，会引发各种不同器官的不同反应，其后在大脑当中还能形成共通反应，因此颜色离不开温度“Warm colour/hue”（暖色），声音常伴随着味道“Sweet music”（甜美的音乐）。可以看出，味、听、触、视、嗅等各种感官感受与内心的情感体验密不可分，也是情感隐喻的心理前提和生理基础。

3. 喜悦是甜

人的多种器官各自分工，但也互相共通，彼此影响。味觉感受在一定程度上决定着内心认知，“酸”“甜”“苦”“辣”等味觉感受往往用来隐喻抽象的内心情感。其中，当属甜味最能给人以愉悦的情感体验。日常语言中也存在着许多具体的语言表达式：

---

❶ 郭欣欣. 英汉“喜怒哀惧”情感隐喻认知共性分析［J］. 剑南文学（经典教苑），2013（03）：319.

（1）在英语中类似的语句包括：He finally tasted the sweet feeling of success。

（2）在汉语中类似的语句包括：听了他的话，她觉得甜丝丝的，美滋滋的。

二、英汉“喜悦”隐喻的认知个性分析

所有民族都是与众不同、独一无二的。各民族之间由于政治制度、历史发展和生产生活方式等各种因素存在区别而有所差异，比如不同的民族在看到同一种事物时所引发的联想事物总是不相同的。因此在概念隐喻上就不尽相同，一些民族个性自然就通过众多情感隐喻体系表现出来。

（一）英汉“喜悦至上”的隐喻差异

（1）在英语中，“喜悦至上”紧密相连的是概念隐喻“喜悦是离开地面”。相似的语句包括：He is walking on air；Tom was flying high；I'm on cloud nine/seven after knowing the marks。

英国人多是外向型，性格开朗，习惯于将情绪直接向外显露，所以“喜悦”之时就会“Walking on air”。

（2）在汉语中，“离开地面”并不意味着“喜悦”，而意味着“骄傲”。相似的语句：这个学生取得成绩时，就会飘飘然。

中国人一般性格内向，谦虚含蓄，感情不轻易外露。倘若“喜悦”表现得无所顾忌，常常会被形容成“得意忘形”。在中华民族文化中，人们更欣赏稳重和谦虚的个人品质。

“喜悦之上”要控制在一定范围。一旦超越这一范围，“喜悦”就变成“骄傲”。在汉语文化中，“喜悦之上”表示可以暂且脱离地面但是也要保持踏实稳重，例如“她高兴得跳了起来”。一旦长久地“飘飘然”下去会彻底脱离地面，就会被形容成“得意忘形”“骄傲自满”❶。

（二）英汉“喜悦是容器中的液体”的隐喻差异

虽然英汉两语中都有同样的“喜悦是容器中的液体”概念隐喻，但是汉语中把“心”作为“喜悦容器”，而英语中的“喜悦容器”则是“身体”。如同借用肢体动作来表述情感一般，由身体所表达出来的喜悦相对容易被发觉，这一观念缘于不同的民族个性和不同的文化。

在西方文化价值中，人们多是性格外向，喜好矜奇立异。不管是正面情绪还是负面情绪都会毫无保留地直接表达出来，此种直来直去的抒情达意方法，在西方文化中极为普遍。

❶ 王珂，李晓艳．英汉隐喻认知对比研究［M］．成都：四川大学出版社，2017．

在中国文化价值中，含蓄的表达才更为容易接受。人们推崇谦虚和稳重，一旦过于直接地表达自身情感就容易被认为是肤浅和傲慢。在此种传统文化观念的灌输之下，中国人往往比较内敛，将更不容易为人所感知的身体内部器官当作“喜悦容器”，也就是“心”。

（三）英汉“喜悦是眼睛在动”的隐喻差异

不论是英语中还是汉语中，眼睛在“喜悦”时都会转动，但是两者的切入点又有所不同，汉语强调眼睛形状的改变，而英语重在眼睛亮度的变化。比如：

（1）在英语中类似的语句包括：Her eyes were shining/sparkling like diamonds; Amusement gleamed in his eyes。

（2）汉语在此基础上“眉毛也动”，如“喜眉笑眼”“舒眉展眼”“眉开眼笑”。因此，在汉语中喜悦是“眉目一起动”。

（四）英汉“喜悦是心中之花”的隐喻差异

汉语有“喜悦是心中之花”这个概念隐喻：能和心爱的人生活在一起，他心里乐开了花。中国传统文化中，“花”象征着“幸福”和“喜悦”，而英语中的“To blossom”是“发展成长”或“繁盛”之意：She had blossomed into a lovely young girl.

日常表达的语言当中有相对直截了当的“I am happy”，除此以外，人们更为频繁使用的还是通过隐喻概念传达“喜悦”。英汉语中具有相似甚至相同的基本隐喻概念，其原因也很容易理解。由于人类具有相同的体验机制和身体构造，不论是语言的表达还是情感方面的认知都是以人的心理感知和生理体验为前提，因此人类的语言必然具有共性。不过，由于民族文化观念和历史发展背景的区别，英汉语言在“喜悦”情感隐喻时也具有一定差异，所形成的情感概念中也带有自身的民族个性，具有各自的独特性。

第二节　英汉“愤怒”隐喻的认知对比

一、英汉“愤怒”隐喻的认知共性分析

愤怒是人最基础的情感，是当人的目标无法达成或是愿望无法得到满足、实现这一目标或愿望的行为遭受挫折或是受到再三阻挠时，引发负面情绪累积进而产生的情绪体验。一旦情绪主体明白挫折的起因，往往会对这一起因之人或是物表达出愤怒的情感。

正是由于人类具有相同的客观经验和身体构造，所以英汉“愤怒”情感隐

喻具有共性。人们经历长期的生产生活和实践之后发现，人在愤怒时身体存在发热状况，于是人们将这一生活经验和生理体验结合，总结出“火”在燃烧时所产生的温度潜藏着一定的破坏性，这种破坏性与人愤怒时的生理变化非常相似。所以，在“愤怒是热”的前提下有了“愤怒是火”的隐喻概念。

（一）“愤怒是火”

在英汉两种语言中，愤怒的概念隐喻是“愤怒是热”(Anger is heat)。比如：

（1）在英语中具体的表达方式有：She was doing a slow burn; He was breathing fire; Boy, am I burned up; Smoke was pouring out of his ear; Your insincere apology just fuel to the fire。

（2）在汉语中，具体的例子包括：他火冒三丈；他怒火中烧；那家伙肝火很旺，别惹他；他气得七窍生烟；他怎么发这么大火？

（二）“用愤怒时的生理反应表示愤怒”

在英汉两种语言中，“借用愤怒产生时的身体反应表示愤怒情感”(The physiology reaction of anger stand for anger）的概念隐喻。借用愤怒产生时的身体反应表示愤怒情感。比如：

（1）英语中的例子有：She got red with anger; She was scarlet with rage; Jack has a hothead; He was quivering with rage; She was blind with rage; When I found it out, I almost burst a blood vessel。

（2）在汉语中，这样的例子很多，如：别气破了肚皮；他气得竖眉瞪眼；他气得吹胡子瞪眼睛；他气得咬牙切齿；气得头昏眼花；他气得浑身发抖；他们争得脸红脖子粗。

表达“愤怒”情绪时，英汉两种语言存在相同的隐喻基础，也就是“用愤怒时的生理反应表示愤怒”以及“愤怒是火”。其主要归因于人类生理构造都是相同的，所以表达愤怒情绪时会产生相同的生理反应。在隐喻机制的影响之下，情感可以通过表达情感时的生理变化来表达。

人在愤怒发生时，首先身体会发热，例如头脑变热或是脸变热；然后身体内部的压强增加，例如血管鼓起；之后还存在其他身体变化，比如咬牙、跺脚和颤抖等等；最后愤怒的情绪会影响到其他器官的感觉，比如头眼昏花或两眼发黑等等。所以，愤怒情绪发生时，不管是从身体热度变化还是从其他生理反应来看，不论是英语还是汉语中都存在“用愤怒时的生理反应表示愤怒”和“愤怒是火”的概念隐喻。

二、英汉“愤怒”隐喻的认知个性分析

英汉两种语言中“愤怒”情感隐喻之所以各有特色，是因为以下因素。

其一，中西方国家的地理位置差异。中国处于欧亚大陆的东部，位于大西洋西岸，是内陆国家。此外，冬夏季风尤为明显，是最具代表性的季风气候国家。相比来说，使用英语的大部分国家都离不开海，生态环境和气候条件在很大程度上受到海洋文化的影响，与海洋息息相关，与水、波涛、海的隐喻也是多种多样。

其二，中西方民族文化各具特色。从中医学角度来看，血、津液和气构成人体，也是身体其他器官和组织正常运行的前提和基础。

其三，关于宇宙的观点中，中国古代认为混沌的无形之“气”生物转化以后形成宇宙。“气”既是宇宙的本源，也是万物生命之源。而西方观念则不是这样，西方哲学家泰利斯认为，水才是世间万物的本源。在阴阳理论中，火和气同属于“阳”，而水以及其他各种液体都属于“阴”。

（一）从英语的角度而言

汉语言中都有愤怒是容器中热的东西的隐喻，但英语侧重“愤怒是容器中热的液体”(Anger is the hot fluid in a container）的概念隐喻。具体的例子如：You make my blood boil; Simmer down; Bill is just blowing off steam; He blew his top; I had reached the boiling point。

因为英汉两种语言在世界观和文化价值上的差异导致二者在“分布”的概念隐喻上也存在差别且各具特色。西方第一哲学家泰利斯的观点中，水是世间万物的本源，所以就不难理解英语中“愤怒”都比作器具中的液体。而在中国的传统观念中，宇宙万物来源于气。

不难理解，英语中将“热的可见的液体”和“火”用来当作“愤怒”情绪的隐喻概念。由于英语中并没有“万物本源是气”概念，也就没有与“气”相关的隐喻概念。

英语语言模式中，“愤怒”作为一种热的“气体”，实际上也是作为一种“液体”存在。因为其以液态形式存在，所以可以放置在器具中，因此存在一类概念隐喻，如“愤怒”是“放置在器具中的液态物质”。所以液体在器具中被加热时的多种反应所具有的特征也就构成了“愤怒”情绪的各种特征。

（二）从汉语的角度而言

汉语则侧重“愤怒是容器中热的气体”(Anger is the hot gas in a container）的概念隐喻。具体的例子如：他脾气很大；他在生闷气；他气势汹汹；他怒气冲冲；他最近肝气郁结。

中国古代哲学观念中，就有“世间万物的本源是气”一类隐喻概念。“气”作为物质存在的前提和基础，也是生命之源。中国的医学典籍指出：“百病生于气也，怒则气上，喜则气缓，悲则气伤，恐则气下原则气乱……思则气结”。

汉语常选择“火”和“气”作为“愤怒”的隐喻概念。在汉语表达中，“愤怒”是热的“气体”，且与脾脏、肺部和肝脏等器官息息相关，比如“她肺部都要气炸了”“她肝火太旺”。其原因在于在中医理论中有“肺主一身之气”和“怒则伤肝”的说法。

第三节　英汉“恐惧”隐喻的认知对比

一、英汉“恐惧”隐喻的认知共性分析

恐惧是人的基础情绪之一。从普通心理学来看，个体由于想要脱离或者躲避某种特定场景而产生的消极负面的情绪感受。这一感受的起源正是该主体缺乏应对这一特定场景的能力。

（一）“恐惧是容器中的冷液体”

汉语和英语中都存在相同的一类概念隐喻，如“恐惧是器具中的冷液体”（Fear is the cold fluid in a container）。当人在产生恐惧情绪后，血液循环速度会随之逐渐放缓，以至于身体出现发冷反应。比如：

（1）英语中的具体表达方式有：Her blood ran cold; A flood of fear rose in him; The sight filled her with fear; The accident made my blood turn to ice; The tale chills my blood; The horror movie made the children's blood freeze。

（2）在汉语中也许多类似的例子：他吓得手脚都凉了；这件事使他不寒而栗；这样的事情让人胆战心寒；这场面使人噤若寒蝉；听到后面的脚步声，我吓出了一身冷汗[1]。

（二）“恐惧”通过内脏和五官的生理变化形成

人们通常借助情绪发生时人体特殊的生理变化来表达情绪。在英汉两种语言中，“恐惧”相关的情感隐喻表达往往都是借助人体五官和内脏变化来反映。比如：

（1）在英语中有这样的例子：She turned pale with sudden fear; He was white about the gills at the news; She went as white as a sheet when she heard the news; It made my heart stand still; A sudden sound made my heart gallop; The accident made

---

[1] 张林影. 英汉“恐惧”概念的隐喻对比分析［J］. 牡丹江师范学院学报（哲学社会科学版），2012（05）：118-120.

me bring my heart into my mouth; I was hopping mad; He was shaking with fear; His heart sank into his boots。

（2）在汉语中也有许多这样的例子：他吓得面无血色；看了这封信，他们大惊失色；他被吓得脸色发白；他们吓得浑身发抖；她被吓得胆战心惊；他们个个心惊肉跳；听到这个消息，他们心胆俱裂；几年来，他们一直过着提心吊胆的日子。

不管是英语还是汉语中，都存在“恐惧是五官和内脏的生理变化”和“恐惧器具中的冷液体”，这些都起源于人体在恐惧情绪发生时的自然生理反应。一般情况下，人在恐惧时，呼吸频率加快，急促而又短暂，脉搏和心脏跳动次数变多，血液循环速度变慢，多脸色生变、心跳加快、身体发冷等。以上这些都是人类在面对该情绪时共有且正常的反应和变化，因此英汉两种语言中会存在相同的概念隐喻。

二、英汉“恐惧”隐喻的认知个性分析

英汉两种语言在有关“恐惧”情绪的隐喻中，各有不同且各具特色。其主要原因是二者处于不同的语言世界观环境下，不论是风俗习惯还是地理环境或是民族文化方面都存在差别。

（一）英汉用动物表达“恐惧”的隐喻

（1）英国是以岛屿为主的国家，“鹅”的数量多，所以英语中存在用鹅（Goose）来表达“恐惧”的隐喻概念，也就有“胆小如鹅（Being fearful is like a goose）”的隐喻。例如：He cannot say bo to a goose; The sudden sound made me goose-pimpled; She had me quite goosy by her tales; I got goose bumps when I see a snake; The dreadful picture raised goose skin on my arms。

（2）中国是以大陆为主的国家，“鼠”多，所以汉语文化中通常用“鼠”来表达胆小、害怕和恐惧，因此汉语中存在“胆小如鼠”的概念隐喻。例如“他是一个无能鼠辈”“他真是个胆小如鼠的人”“他像一只窥猫之鼠”。

（二）英汉用环境、工具表达“恐惧”的隐喻

1. 英语中与海洋有关表示“恐惧”的隐喻

英国是一个四周皆海的岛国，海洋商业文化就是其主流文化，所以海洋和船只在英语的隐喻中是大量存在的。因此在英语中，很多“恐惧”情绪的隐喻概念都和海洋相关。具体的例子有：

（1）It gets the wind up him.

例子中的“get the wind up”（担心、害怕）同海员担心恶劣的天气有关。

（2）He was white about the gills.

例子中的“white about the gills”指受惊的样子，“gills”(鳃）是鱼的呼吸器官，鱼离开水时，影响呼吸和血液循环，总的颜色就会变白，由此来隐喻受惊时脸变色。

（3）They were greatly taken aback by the news.

例子中的“be taken aback”(吓了一跳）出自航海上的术语“呛风”或“逆风”。

（4）It is not going to be an easy task. I can see rocks ahead.

例子中的“rocks ahead”也是来自航海的术语，指船只在航行时有可能面临危险，如触礁等。

2. 汉语中与工具表达“恐惧”的隐喻

中国自古以农业文化为主的国家。由于在战争中常用弓箭，因此汉语中有跟弓箭有关的表示恐惧的隐喻，如“惊弓之鸟”“杯弓蛇影”等，英语中则没有。

在汉语中还有一些独特的而英语中没有的有关“恐惧”的隐喻，例如：他吓得魂飞魄散；他被吓得魂不附体；敌人吓得亡魂丧胆；他整天提心吊胆的；他真是胆小如鼠；他被吓得胆破心寒；他被吓得屁滚尿流；他们是使敌人闻风丧胆的英雄。

在中医理论中，“恐惧”情绪和肾脏有关联，比如在肾气不够时生命力也就不足，进而受惊吓能力较弱，与此同时固尿能力也会变弱。所以人们常说“吓得屁滚尿流”

此外，“愤怒”总是离不开肝胆器官。然而在独立使用时，胆往往是勇气的象征，所以汉语中跟“胆”有关的隐喻其实很多。比如人们常说的“浑身是胆、吃了豹子胆”，还有最常见的“壮胆、胆敢、胆量”等，这都源于中医理论，在中医学上胆能够影响思维活动且决定个性。

第四节　英汉“悲伤”隐喻的认知对比

一、英汉“悲伤”隐喻的认知共性分析

悲伤是人的基础情绪之一，是人失去或错过某一极力追求和重视的事物时所引发的情绪感知。分别、失败等都会引起悲伤情绪。悲伤的强度取决于主体内心所失事物的价值，悲伤情绪的强度与心理价值正相关。

（一）“悲伤是下”

在英语中有“悲伤是下”(Sadness is down）的概念隐喻。具体的例子有：I’m

feeling down; I'm depressed; He's really low these days; His spirits drooped; He brought me down with his remarks。

在汉语中其实也有这样的例子：这几天他情绪很低落；主人于是垂头丧气，上前道歉；他很消沉；他萎靡不振；他总是一副垂头丧气的样子。

由于人类在生理构造和心理基础方面总是相同的，所以直立的姿势总是伴随着正向积极的情绪，而悲伤或压抑时却总是保持着低垂的姿势[1]。

（二）“悲伤是黑暗”

在英汉两种语言中还有“悲伤是黑暗”（Sadness is dark）的概念隐喻。英语中的例子如：She is in a dark mood; The future looks pretty dismal; The news of defeat makes her feel very gloomy。

汉语中的例子有：他黯然神伤；今天是黑色星期三；他今天精神萎靡，毫无神采。这是因为当人们悲伤、精神不振时，通常脸色无光彩，并且发暗。

（三）“悲伤是容器里的液体”

英汉语言中，还有“悲伤是容器里的液体”（Sadness is the fluid in a container）的隐喻来表达悲伤情绪。“人体是容器”（Body is a container）是该隐喻的基础隐喻。

英语中具体的例子有：I was full of sorrow; They are immersed in sorrow; He brimmed over with sorrow when she left him。

汉语中也有类似的例子：他满腹惆怅；失恋后，他心中充满悲伤；一股莫名的忧愁涌上心头；他沉浸于悲伤之中。

悲伤作为人类最基本的情绪之一，在英语和汉语中具有相同的概念隐喻。因为人类在生理构造和心理基础方面存在共性，在情感认知层面也是相同的，然而在语言世界观环境和风俗习惯上存在差异，二者在表达“悲伤”时也各有不同。

二、英汉“悲伤”隐喻的认知个性分析

风俗习惯和语言文化价值存在差别，导致语言世界观也存在差异。因此，表达“悲伤”情绪时会表现出各自的独特性。

（一）英汉与颜色有关的“悲伤”隐喻

在英语中，有“悲伤是蓝色”（Sadness is blue）的隐喻概念。具体的例子有：

---

[1] 舒丽娜. 英汉消极情感隐喻体验基础认知对比［J］. 伊犁师范学院学报（社会科学版），2011(02)：99-102.

She looks blue today; Paul was in a blue mood; She has been in the blues these days; I'm feeling rather blue today。

由于不同民族的文化沉淀与文化心理因素的原因，汉语没有这一隐喻概念。这也许是所致。

（二）英汉与人体的具体器官相联系的“悲伤”隐喻

在汉语中，表示“悲伤”的隐喻词语常和人体的具体器官相联系，具体的例子如：她听了这消息后，肝肠寸断；古道，西风，瘦马。断肠人，在天涯；她整天愁眉苦脸；他愁眉紧锁，好像有很重的心事；他一个人躲在角落里，耷拉着脑袋，沉默不语；她的心都伤透了；她的心都碎了。

中国传统文化观点认为，人的情绪变化和各项器官息息相关，原因在于受到中医理论的影响。在中医学中，肝脏和大肠相联，心脏与小肠相联。

由于隐喻化的语言并不要求表述十分精确，所以汉语很多表达“悲伤”情绪的隐喻中，常常使用“肠”模糊代替，并不是准确的表述为“小肠”还是“大肠”。只要用“大”“小”加以区分，就会违反语言的对称原则和经济原则。

此外，在表达“悲伤”情绪的隐喻概念中，很多都与心脏相关，主要原因是在中医学中，心脏是任何情绪的中心。

第五节　英汉颜色隐喻的认知对比

颜色是一种自然现象，也是人类通过感官直接认知外界的有效方式。人类对世界的认知以感官为基础，颜色对于人类的认知有着重要的辅助作用。人类语言的发展以对世界的认识为基础，颜色能够降低人类认识世界的难度，不仅是语言发展的促进力量，也是语言的重要组成部分，所有已知的语言中，都有颜色词汇的存在。

语言中存在着以时间、空间、情感等要素划分的域，在认知语言学家眼中，语言基本认知域中还包含颜色域。从认知角度来说，颜色域在语言中存在深层的隐喻含义，但我国的语言研究极少提到这一点，对颜色词汇的研究更多地偏重于社会文化差异。以下着重详细描述颜色隐喻的形成、起源和颜色词汇所起到的认知功能，以英汉两种语言中不同的颜色隐喻及对认知所造成的不同影响进行研究解读，对比二者的相似和不同之处，分析产生不同的原因。

一、英汉颜色隐喻化认知的双重性

（一）英汉颜色隐喻化认知的形成机制

颜色隐喻是指用颜色词汇修饰普通词汇。隐喻不仅仅是比明喻更深层的修辞方法，更代表了人们面对事物的心理反应和接受外界信息的思维方式，是一种有效的认知手段。

隐喻实则是理解某一范畴时用不同范畴的认知域对其进行解释。源喻投射到目标喻就产生了隐喻，因此通常出现一种情况，即被放在一起讨论的两个事物看起来毫无关联性，原因在于在人类眼中，他们可以通过联想被串联在一起，因此将他们放在一起，用自身的感知来对客观事实进行解释和评价。

由上述理论可知，颜色隐喻来自人使用颜色范畴对其他无关认知域进行解释。颜色隐喻的构成需要具备两个基本条件——心理相似性和语义冲突。心理相似性是指心理意向在颜色本身和颜色修饰的事物两方面所呈现的相似度；语义冲突即用颜色修饰其他事物，这些事物本身无颜色定义。符合条件即可产生颜色隐喻，这样的颜色隐喻让人们更为鲜明而生动地认识事物。

汉语中存在着许多带有颜色隐喻的词汇，以黑色为例，黑色会令人有神秘感，仿佛黑夜般具有危险的气息，因此黑色常用于形容和描述一些危险、阴郁或是神秘莫测的事物。如本无色彩的“市场”一词，结合颜色形成“黑市”一词就十分形象地为人们描绘了事物的特征，“黑色”就是前文所提到的源喻。“非法市场”则是目标喻，结合到一起就是隐喻，这就是典型的颜色隐喻认知。为本没有颜色的“市场”一词加上“黑色”的形容，使得其有了语义冲突；两者能共同联想到危险、神秘的心理意象，具有心理相似性。

（二）英汉颜色隐喻的双重认知功能

人们的生理、心理会受到颜色影响，且不同颜色能带来不同的社会价值观。以此为基础，利用通感来对事物进行下意识联系所产生的有意义的内容，就是颜色的联想意义。

通感是事物刺激人们的感官后，不同感官之间有连带的相似的感受。这种两个或两个以上感官之间发生的情况，在认知角度看是一种映射，体现在语言上。通感能够使颜色产生意义特征，使颜色词语这一符号形式具有联想意义。颜色词语具有“双重心理意向”特征，这种认知特征来源于颜色词语的联想意义，这种具有精神价值和文化价值的观念多数情况下具有“双重意义性”。其中，双重意义通常是对立统一的关系，两个互不干预的特征要存在于同一符号中，因此能从中看到善恶、正邪等对立的价值意义就不足为奇。

“双重心理意向”对认知具有重要意义，其使颜色词语有了双重隐喻的功能，既表达了颜色本身所具有的双重特性，也体现了人类本身的两极化特征（包括精神观念和文化价值）。以白色为例，来自白云、白雪等自然色源体的白色，既是充实的个体，又是颜色的大集合，本身就具有双重特性。因此汉语中的白色词语既有“洁白”“皎白”“白玉”“白璧”“清白”的一面，又有“白旗”“白色恐怖”的一面。在了解了颜色词语隐喻的双重认知之后，这样的对立就变得非常好理解。同样，在英语中有“White lies”“White innocence”“White hand”“A white day”等，其原因是“白”(白色）承担了“天真”“纯洁”和“反动”“恐怖”这样的“双重的心理意象”。这种双重的隐喻认知现象在人们的语言中普遍存在，见表5-1❶。

表5-1 常见颜色的隐喻认知

颜色	常见色源体	双重心理意象	双重认知功能
黑	夜/木炭/墨汁	深沉、庄严、有力	黑土地/黑脸包公/黑牡丹
		神秘、阴森、悲哀	Black box/黑心/黑店/黑色幽默
白	白天/白云/白雪	高洁、纯净、素雅	White collar/清内无辜
		哀伤、恐怖、空白	白事/White terror/内卷/白食
红	血/火/红	热情、喜庆、正义	红事/红运/红心/红人
		极端、烦恼、仇恨	红眼/红脸/红眼病
黄	秋天的树叶/黄金/黄花	衰败、庸俗	事情黄了
		崇高、神圣	黄道吉日/黄金时代
蓝	蓝天/寥蓝	忧郁、哀伤、寒冷	Love is blue/蓝色狂想曲
		明净、悠长、深远	Blue print/Blue book/青出于蓝
绿	草/树叶	朝气、宁静和平	Green light/Green peace/绿色食品
		幼稚、嫉妒、厌恶	愣头青/绿帽子

二、英汉颜色隐喻的认知对比

(一) 英汉颜色隐喻的共性分析

隐喻的认知与大背景和历史沿革有关。各国各地区各民族所处的生存环境、文化背景和发展经历不尽相同，因此颜色隐喻在各自的语言中也有许多不同之处。以下就来探讨英汉对于颜色词语隐喻认知的相似和不同之处。

1. 黄色

黄色（Yellow）色源体是秋天飘零的落叶。其很容易引发萧瑟、枯萎的心理意向，从而给人带来衰败的感受。因此在汉语和英语中，黄色大都代表着庸俗与败落。如在汉语中有“明日黄花”“何草不黄，何日不行”(《诗·小雅》)；在英语中有“My way of life is falling into the sere, the yellow leaf.”(我生命陷入凋零的老年)。

---

❶ 陈家旭. 英汉隐喻认知对比研究［M］. 上海：学林出版社，2007.

2. 蓝色

蓝色（Blue）色源体为蓝天，因此给人以宽广、辽远之感，也会有脱俗和寂静之感。蓝色在英语中有更为丰富的含义，代表着希望和远方，但蓝色也属于冷色调，有着忧郁和哀伤之感，汉语中的蓝色隐喻较少，许多都来自英语，如：

（1）蓝图（Blue print）喻指长远的规划或计划。

（2）蓝领（Blue collar）是指从事体力劳动者，与白领（White collar）相对。

（3）蓝皮书（Blue book）是指政府、议会发布的文件，不一定非用蓝色作封面。

3. 绿色

绿色（Green）色源体为处于生长期的植物，因此是代表生生不息的色彩。绿色代表着活力的气息，通常容易联想到自然界以及万物复苏的春天。绿色也代表着安全，安全出口以及交通信号的通行都是绿色。汉语和英语都用绿色来指代和平，绿色也是世界范围内绝大多数民族所喜爱的颜色，鲜明有活力，生机勃勃。有多重隐喻含义，例如：Green light/绿灯，Green revolution/绿色革命，Green peact/绿色和平等隐喻。

4. 黑色

黑色（Black）色源体为黑夜，黑色给人带来神秘莫测和危险的气息。汉语和英语都会用黑色来描述一些社会所不允许的非法行为或是神秘危险的事物，为人们敲响警钟，提醒大家注意到可能存在的危险。英汉的黑色隐喻较为类似。例如，在汉语中有“黑心肠”“颠倒黑白”“黑白分明”等，还有来自英语的“黑钱”“黑匣子”“黑名单”等；英语中有“Black money”“A black box”“A black heart”“A black list”“Black and white”“A black-letter day”“A black future”“A black market”等。

5. 白色

白色（White）色源体为白雪、白云以及晴朗明亮的白天，带给人们美好和纯洁。但因为白色可能是色彩集合而来，又具有一定的复杂性，所以汉语和英语在白色词汇的隐喻方面，都有由白色去解释其他范畴的情况。例如，在汉语中有“翻白眼”“清白无辜”等，还有来自英语的“白热化”“白皮书”“白色恐怖”等；英语中有“White heat”“White paper”“White innocence”“Turn up the white of one's eyes”等。

6. 红色

红色（Red）色源体是火焰、花朵，是能量和美好的象征，因此通常都作为喜庆和幸福的代表。中国会在最重要的节日或日子里选用红色，比如过年、开业、结婚等等。英语国家的人们也是一样，会在最重要的节日里选择披挂红色，如圣诞节。中英文都会用红色作为隐喻词来形容和认知其他事物，西方人还会在假日通用词中使用“Red”，来表示欢乐的气氛。

英汉中的红色（Red）都可以表示“身体健康、面色红润”的意思。如“A fine old gentleman，with a face as red as a rose”可译为位红光满面、精神矍铄的老绅士。

（二）英汉颜色隐喻的个性分析

以上是中英文隐喻的共性，下面就汉语与英语关于颜色隐喻的不同之处进行论述。东西方各国各民族所处环境以及历史经济和语言文化都有较大差异，对于颜色的感知上也有不同之处，因此用颜色隐喻，去指代或认知事物时，也会有较大差异。

1. 黄色

黄色对于中华民族而言是具有重要意义的色彩。从蛮荒步入文明，黄色就成为权力的象征，黄色成为天子色始于隋，皇宫内所用器物、皇帝所着衣物均为黄色，自此黄色成为庄严、神圣的代名词。黄色备受尊崇的原因在于，黄河流域孕育了中华文明，而黄河流域的先民眼见黄河水、黄小米、黄土地，自己拥有黄皮肤，因此认为黄色是自然的色彩，亘古不变。因此汉语中有关黄色的隐喻非常多。例如：

（1）黄道吉日——俗称宜于办事的好日子。

（2）黄毛丫头——年幼而丑的女孩子。

（3）黄泉——地下深处的泉水。喻指人死后埋葬的地方。

黄金也为黄色添上了一抹富贵气。古时达官显贵会以金器作为日用器皿，也会佩戴金饰，以展现自己的华贵与高雅。此外，人们还会把最为珍贵的时间以黄金做比，如“黄金周”“千金一刻”等，以彰显时间的宝贵。人最为珍视的青春年华也以黄金做比。

另外，在汉语中，“黄色”还引申表示为：事情落空；计划失败（《应用汉语词典》）。如“这笔买卖眼看要黄”“去长城旅游黄了”。

2. 蓝色

蓝色在汉语和英语中，都有辽远、静谧之感，因其色源体来自广阔而宁静的天空，自然会带给人脱俗之感。汉语中的蓝色隐喻构成较少，英语中较多，且大多为负面隐喻，如“Blue Monday”（蓝色星期一）就是一个典型例子，看起来“Monday”只是一个普普通通的日子，但用“Blue”作为修饰，在英语语境下，真实的含义是“忧郁、令人沮丧的星期一”，因为周一是大多数家庭妇女大扫除和清洗衣物的日子，而上班族也开始了一周的辛苦劳作。星期一本身是没有颜色的，但“Blue”的出现和修饰，就将负面情绪带给了“Monday”。其他的一些例子如：

（1）To be in the blues——描写人不快乐或沮丧的心情。

（2）To drinktill all is blue——喝得头昏眼花。

（3）Blue chip——喻指热门货。

3. 绿色

绿色除了上文提到的积极意义外，还有许多隐喻含义，汉语英语中都有。如唐代所称“青衫”就是指低阶官员，表示卑微的含义。白居易在《琵琶行》中把被贬的自己称为“青衫”“座中泣下谁最多，江州司马青衫湿”，此处的“青”即指绿色。汉语中还有其他一些例子如“绿帽子”“绿色食品”“开绿灯”。

绿色在英语中可以形容新手、无经验的人，也可以形容一个人知识储备不够，如“Green hand”（新手）、“Green horn”（没有经验的人或外行）。

4. 黑色

黑色在东西方的语境中，大多都是负面含义。但由于文化背景的不同，词语的隐喻有一些区别。汉语中有些词汇是英语中没有的，如：

（1）黑户——没有向政府部门申报户的人。

（2）黑店——杀人劫货的旅店。

（3）黑帮——泛指反动组织、帮派或其成员。

（4）黑哨——足球比赛中裁判的不公正行为。

（5）黑牡丹或黑玫瑰——肤色较黑但漂亮而有魅力的女性。

英语中有而汉语中没有的，如：

（1）Black mail——敲诈、勒索。

（2）Black lie——不可饶恕的谎言。

（3）Black sheep——败类，或害群之马。

（4）Black memory——对死者悲痛的记忆。

（5）Black mass——安魂弥撒。

（6）Black eye——丢脸的事。

黑色虽然不受欢迎，但是使用率较高。英语中的许多关于黑色的词汇源自希腊语和拉丁语，大多与死亡有关。英语国家为代表的西方国家，在举办葬礼时，大多着黑色服饰，与中国着白衣送葬不同。

5. 白色

中国人对于白色有诸多忌讳。如上文所说，白色是葬礼用色，有亲眷友人去世，需着白衣守灵、送葬，灵堂摆设也为白色，丧事亦称白事。关于白色隐喻，许多是汉语中有但英语没有的，如：

（1）白事——丧事。

（2）白话——不能实现的空话，也指普通话的书面形式。

（3）白食——不付出代价而吃到的东西。

（4）白开水——不加糖、茶叶或其他东西的开水。

（5）白条——未盖公章，能做报销凭证单据。

（6）白卷——没有写出答案的考卷，也指没有好的成绩。

（7）白面书生——年轻漂亮、知识浅薄、缺乏经验的读书人。

汉语对于白色词汇隐喻的使用多为贬义，而在英语中则不同，白色（White）更多表示纯洁、善良等正向意义。英语中有许多汉语没有的隐喻结构词汇，如：

（1）A white lie——小谎言或无恶意的谎言。

（2）White elephant——对自己来说大而无用的东西。

（3）White sheep——败类之中有规矩人，与“Black sheep”相对。

（4）A white day——吉利或走运的一天。

（5）A white war——不流血的战争；经济战。

此外，还有中英文都有的词汇，但是隐喻不同。如汉语的“白脸”对应英语中的“White face”，但词意却大不相同。汉语的“白脸”来源于京剧，指反面人物、恶人，唱白脸的意思在现实生活中就是装作歹毒的样子；英语中的“White face”则是指黑人扮演白人或是丑角。

6. 红色

红色的色源体除了花朵与火焰，还有血液，这是被不同民族所共同认可的，也由此成了红色的文化根源，具备了丰富的内涵和深远的意义。红色在不同的文化中意义不尽相同，在中国文化中，代表着幸福、热闹、节庆、女性、热情等。中国人对于红色饱含热爱，因此也有许多特有词汇，例如：

（1）红人——受宠信、受重用的人。

（2）红娘——热心于促成别人美满姻缘的人（不分男女）。

（3）红榜——光荣榜。

（4）红心——革命或进步的品质。

在英语中，红色更多代表危险、威胁，负面含义较多，也有许多词汇，例如：

（1）Red alert——（空袭）紧急警报。

（2）Red activities——左派活动。

（3）See red——火冒三丈。

（4）To be caught red-handed——当场抓获。

第六节　英汉饮食隐喻的认知对比

英语中的“Idiom”和汉语中的“习语”都是指在英汉语言中长期使用的结构固定的、意义完整的固定词组和短句。在日常生活中，无论是哪个国家或者是地区，饮食都是生活中不可或缺的一部分。饮食的原料为各类可食用的肉类、蔬菜和水果等材料，经过加工之后最终形成食品。除了材料之外，食品根据不同的功能又可以分为主菜、凉菜、主食等。饮食中的“饮”与“食”都为动词，所以与饮食相关的习语有“喝、吃、嚼”等。各个国家和地区的饮食在很多方面都会有一定差异。而相应的饮食文化也有所不同，饮食类习语就是其中之一。

汉语中也有独特的饮食习语，例如，“老油条”是汉语中经常会听到的饮食习惯用语，也是一种日常口语，是指一个人经验丰富，处事圆滑。“老油条”这类饮食习惯用语还有很多，饮食习语不仅仅是三个字的词语，饮食习惯用语的字数不固定，一般有三个字的像“老油条”“背黑锅”等，四个字的像“小菜一碟”“废物点心”等，这些都是较具有代表性的饮食类习惯用语。

英语的饮食文化中也有类似于汉语的饮食习惯用语，例如“Big cheese”(译为大人物)、“Easy meat”(译为一些容易完成的任务或者容易应付的人)、“Potato and point”(译为粗茶淡饭)。这些饮食习惯用语与英国本地区的日常生活有着密切关联，尤其是英国人的饮食生活，很多饮食习惯用语都体现出英国饮食生活的一些现状。除此之外，也有很多口语，例如“Bean-counter”(译为统计专家)。英语饮食习惯用语中还有俚语，比如“Carry corn”(译为没有得意忘形，意思是马吃完玉米后的样子)。除口语和俚语之外，也有和汉语相似的谚语，例如“After meat, mustard”，意思是吃完饭之后才有芥末，已经没有意义。

一、英汉饮食文化含义

饮食是人类生存不可缺少的部分。人类依靠饮食维持生活与生产活动，饮食能够为人类提供生存所必需的营养，满足人们最基本的生理需求，所以饮食在人类整个发展历史上的地位是其他事物所无法超越的，饮食这一社会行为也为人类的发展提供了动力。随着人类历史的不断演进，饮食也逐渐形成自身的文化体系，饮食文化逐渐出现，并且随着历史的发展而被赋予一定的文化内涵。不同的国家和地区在地理环境、风俗习惯等方面都有所差异，各个民族都有各自的饮食文化，而这些饮食文化又涉及不同民族的历史、制度以及民俗等内容，饮食文化也越来越受到人们的重视。

西方的饮食文化与其宗教信仰有一定关联。西方人认为他们的一生都需要自我改造，需要不断努力，以得到神的眷顾，最终得以赎清自身的罪孽。而这一切都源于西方人的原罪意识，即在西方宗教信仰中，痛苦是原罪的苦果，人们必须经历痛苦，为赎罪而斗争，才能得到升华。英国作为西方的发达国家，英国人的饮食也与其信仰有关，饮食文化也与信仰密不可分。

中国的饮食文化则与西方不同，中国的饮食文化是一种乐感文化，不像西方饮食文化那样落寞悲感。中国饮食文化倡导对人生积极向上的乐观心态，鼓励人们为了向往的美好生活努力奋斗，同时也要享受生活，获得人生的快乐，这就是乐感文化的主旋律。所以，中国的饮食文化也与人们的美好愿望有着密切关联，例如，在春节期间，家家户户都会吃鱼，吃鱼意味着“年年有余”，这一观念与中国汉族的饮食相融合，逐渐被越来越多人所接受。中国的饮食文化也随着历史的发展不断传承，根据时代的发展而被赋予特定的时代意义。

二、英汉饮食类习语中的隐喻

无论是中国的饮食文化还是英国的饮食文化，在某些方面都有相似的特性。比如在饮食类习惯用语方面，英国和中国的饮食习惯用语有类似的表达技巧，汉语中称之为修辞手法。修辞手法是汉语学习中比较常见的手法，在日常生活中也经常被运用。修辞手法有很多种，比喻就是一种比较常用且简单的修辞手法，比喻修辞手法在饮食习惯用语中有所运用，不仅仅是在汉语的饮食习惯用语中经常用到，在英国的饮食文化习语中也能够见到，而且也得到广泛应用。

英汉饮食类习惯用语中经常会遇到比喻的修辞手法，而比喻在饮食类习语中又可以分为隐喻与明喻两种。本文主要针对隐喻加以论述，二者根据比喻词的不同用途进行划分。相较于明喻，隐喻在英汉饮食类习惯用语中的应用更加广泛。隐喻作为一种修辞手法，是两种事物之间的抽象比较，通过修饰的语言让饮食习语更加生动形象，更容易被人们所理解。因此，英汉饮食类习惯用语中的隐喻是指借用一种事物让人们认知另一种事物的修辞手法，是人们将抽象事物概念化的工具。

不同国家各地区的饮食文化各不相同。不同的地理环境、不同的语言、不同的民族、不同的文化背景等形成不同的饮食文化。其中，饮食类习惯用语在发展过程中被赋予具有特定文化意义的内涵，不再是词语本身的意思。虽然饮食类习惯用语所表达的意思不一样，但是很多饮食习惯用语的使用形式是一样的，在英汉饮食类习惯用语中，很多用语都会运用隐喻的修辞手法。例如在英语中，“Hot potato”字面意思是“热土豆”，但是由于土豆加热以后会变得很烫，无法拿稳，所以“热土豆”经过隐喻手法以后，其意思发生变化，比喻问题比较难解决。汉语也有类似的饮食类习惯用语，例如“烫手的山芋”，这一饮食类习语就与“Hot potato”的比喻意思一样。

在英汉饮食类习惯用语中，隐喻的运用是比较广泛和普遍的。隐喻不仅仅是一种修辞手法，也是一种认知方式，虽然不同民族有不同的文化背景，但是人类生存的客观世界具有共性，这就为不同民族、不同文化背景的人们理解隐喻用语提供了基础。

三、英汉饮食类习语中隐喻差异的文化语言学角度分析

（一）基于文化语言学的观照

英汉饮食类习惯用语与语言有着密切关系。因此，从语言学的角度分析。语言学是一门以人类语言为研究对象的学科，其主要研究内容包括语言发展历史、结构、功能、性质等各方面，同时也研究语言之间的关系，其中结构语言学注重对语法、词汇和词语的外部形式进行描写。在结构语言学的基础上诞生了文化语言学，文化语言学与结构语言学不同，前者是新的语言学派，将语言学研究的发展拓展到更加广阔的领域，主要通过描写和阐述表达语言机构中所包含的文化内涵，从宏观层面分析文化和语言的关系与作用，主要有以下方面。

1. 人的生活与社会生活

语言对于人类与整个社会的生活都有着重要意义。在日常生活中，很多语言概念的出现使得人们的生活井然有序，一种文化语言的出现就能够引出多个文化概念，例如，春、夏、秋、冬四季的出现形成后来春耕秋收的生产规律，每个国家各地区会根据自身地理环境形成各自的语言文化，对人与社会的生活有不同影响。

2. 世界观、价值观、风俗与艺术

（1）世界观与价值观。观念对于人们思维的影响很大，对于整个社会的发展也至关重要，对于社会集团语言结构的性质会产生重要影响。

（2）风俗。不同的国家各地区有不同的风俗习惯，随着历史的发展，同时也受到不同文化背景的影响，每个国家和地区都形成自身独有的民俗风情，这些特色也与各自的语言发展相融合。

（3）艺术。随着时代的不断发展，人们对艺术发展的关注度越来越高，而语言作为艺术的一部分，对文化发展也有重要作用。从这一角度来看，语言不仅仅是一门艺术，其自身还包含一定的文化内涵。英汉饮食类习语作为语言的一部分，也是一种艺术，因此可以从艺术的角度分析两者的关系。

（二）英汉饮食文化对英汉饮食类习语中隐喻表达法的影响

1. 英汉饮食观

汉语中，有一句常见的饮食习语，即“开门七件事”，具体指“柴、米、油、盐、酱、醋、茶”。提及中国人的饮食观，需要从其渊源开始阐述。

中国古代典籍中蕴含着很多有关饮食的内容。其中，孔子提出的儒家思想内容最为经典，比如“食不厌精，脍不厌细”。此外，还有司马迁提出的观点，即“王者以民为天，而民以食为天”。根据这些内容可以得知，从古至今，饮食一直都是中国文化的重要组成部分，占据着不可替代的一席之地，并且从未改变过。

根据汉语习语可知，对于中国人而言，饮食是一件不可或缺的重要大事。无论做任何事情都与吃相关，人们也经常用吃进行隐喻，从而将自己的思想和情感充分地表达出来。此外，“吃”的目的语范围非常广泛，通过文中提及与“吃”相关的习语得以充分体现。中国人始终对“饭”有着特殊的联结，将“饭”与“吃”结合，从而形成“吃什么饭”等习语，用于隐喻某人从事哪方面的工作。

西方人的饮食观与中国人恰恰相反，中国人追求美味、以食为天。然而，西方人们受到宗教文化信仰的影响，对于饮食采取非常节制的态度，奉行少饮少食，相信上帝的存在，忽视今世的生命价值和意义，注重来世的幸福和美满，并强调人们要压制自身的本能欲望和需求，尊重灵魂和理智。

众所周知，对于西方人而言，面包和葡萄酒是非常重要的常见食物。由于在西方文化背景下，葡萄酒和面包象征着纯净圣洁，因此，过度饮食属于犯罪行为。西方人的饮食观对民族语言发展产生了负面影响，主要体现在有关饮食行为的习语相对较少，并且大多数相关习语的含义都是引导和劝诫人们少食，如：

（1）Pills kill less than diet.（过度饮食害死人）

（2）Abstinence is the best medicine.（世上没有比适度饮食更好的良药）

（3）Man have to pay their life for the drunked continually results.（饮酒不当赔上命）

（4）Keep away from alcohol then disease go away.（远离酒精，疾病不来）

2. 英汉饮食习惯

从饮食结构的层面分析，每个国家的基本饮食结构就是饭菜结构。中国人大多以谷类为主食，其原因在于中国人主要以种植业为生，米饭成为人们日常生活中的必需品，虽然蔬菜和肉类相对较少，但也是不可或缺的食物。从古至今，中国一直被誉为“农业大国”，盛产植物类的食粮，再加上人口数量逐渐增多，从而导致肉类食物处于匮乏的情况。

《黄帝内经·素问》中也记录着中国饮食结构中各部分的作用，还对不同食物在中国饮食结构中所处地位进行了表述“五谷为食，五果为助，五菜为充，五畜为益”。由此可见，肉类食物在饮食结构中所处地位偏低，人们对肉类食物的喜爱程度也不高，其原因主要在于自然产物和生产模式。然而，缺乏肉类的饮食结构并不影响人们摄取丰富的营养物质，因为豆腐能够代替肉类的营养物质，也就是说，豆腐能够弥补因缺乏肉类而带来的缺陷。在中国饮食文化中，豆腐作为至关重要的美食元素，具有点睛之笔的作用。据相关记载可知，对于素食主义者而言，豆腐是不可或缺的重要食物，豆腐能够提供给人们足够的营养物质。豆腐常被人们称为植物中的肉料，具有与肉类相同的功效，还有最重要的一点就是肉类含有毒素，而豆腐并没有此类问题，因此，豆腐是素食主义者必吃的食物。人们在豆腐的制作与烹饪方面投入了大量时间，在制作过程中加以研究，为了防止食物出现味道单一的情况，在相同食材的基础上进行多样化处理。豆腐既可以是多种食材相搭配的菜品，也可以是地方特色小吃，烹饪方法的不同决定了食物味道具有丰富性。在饮食文化中，豆腐具有非常重要的作用，有关豆腐的习语众多，比如，"刀子嘴，豆腐心"喻义为某人嘴硬心软；"豆腐渣"喻义为能力不强的人，或者是价值不高的物等；"豆腐块"喻指发表于期刊上的精短文章。

中国人的饮食范围非常广泛，食物种类也非常多样。不管是天上飞的鸟类，还是水里游的鱼虾，抑或是地上跑的禽兽，这些类别都是中国人可选择的食物。此外，中国人有一种独特的饮食习惯，即吃动物的内脏，这一点与英国人恰恰相反。在语言文化中，关于动物内脏的汉语习语数不胜数，并且常用来隐喻，比如，用"吃了熊心豹子胆"来隐喻胆大妄为的人。

英国人饮食结构的形成离不开其独特的自然优势。英国人靠海生活，主要以捕鱼业为生，随着捕鱼业的发展，海产品也随之增多，其种类也较为丰富。海产品作为英国人餐桌上的重要食物，在英语语言文化中留下了深刻的痕迹，通过海产品相关习语能够充分体现出来。众多海产品习语中涉及很多不同种类的鱼，比如，鲱鱼、比目鱼以及沙丁鱼等。在英国人的饮食结构中，海鲜类产品是一种常见食物，然而，对于中国人而言，海鲜类产品非常稀缺且珍贵。

由于英国的畜牧业和捕鱼业相对发达，因此，英国人的主要饮食类别就是肉类。近现代，英国种植业的发展呈现上升趋势，但是并没有影响英国人食肉的倾向和习惯。相较于中国人的食肉比重，英国人的食肉比重依旧要相对高一些。在英语文化中，关于肉类的隐喻习语也是一种常见的语言文化，肉类除了包含羊肉和牛肉之外，还有熏肉和火鸡等其他民族特有的食物。

从饮食对象的角度看，西方人的饮食范围具有一定局限性，有些食物是完全不能吃的，即"禁食"。在所有禁食食物中，最典型的食物就是动物内脏，西方人认为动物内脏是不干净的东西，常用来象征着污秽不堪的事物。若人们食用动物内脏，便会觉得自身也受到污染，因此，西方的美食中几乎不见动物内脏。这种情况与中国人的饮食习惯恰恰相反，中国人认为医食同源，动物内脏具有非常丰富的营养价值，并给予格外重视。此外，国内很多著名厨师对动物内脏的做法都有所研究，将其做成美味可口的菜肴供人们享用，这一点通过民族风俗化的习语得以充分体现。总而言之，英汉两种饮食类习语具有一些显著的差异性特征，即有关动物内脏的汉语饮食习语较为众多，然而，有关动物内脏的英语饮食习语却基本为零。

3. 英汉饮食取向

英汉饮食取向具有显著的差异性，此种差异性不仅体现在烹饪技法方面，而且体现在饮食追求方面。中国人对饮食的追求除了填饱肚子之外，更重要的是达到美味的标准。然而，食物是否美味取决于烹饪技法。因此，为了达到使食物美味的目的，人们着重研究烹饪技法，并将饮食行为上升至艺术审美行为。

在早期，中国人在食物中感受到美味，是源于羊肉的甘味，这种味道激发了人们的味觉器官。基于此，人们相继通过其他器官感知饮食美，如视觉效果等。随着感知美的向内变化，美的感受逐渐延伸至内心层面，也就是指在内心深处感受美的存在。由于人们对饮食视觉美产生强烈的需求，因此，在语言文化方面，大量的相关词汇出现，并留下很多饮食类习语。显而易见，这些都源于人们对味道美和视觉美的高度重视，从而使得中国的饮食观也逐渐形成。

然而，相比于中国的饮食观，即追求饮食的美味和美观，西方人体现出显著的不同，西方人认为营养价值的摄取才是饮食的目的。无论食物以何种方式烹饪，只要其营养成分不变即可，是否美味、美观都不重要。由此可知，西方人的思维方式偏于理性，习惯从科学的角度烹饪食物，尽可能地吸收更多营养物质，这也是西方人的饮食追求。现如今，随着科学技术的快速发展以及广泛应用，西方人对食物营养价值的研究也更加便利，并确保事物营养价值得以最大化。

西方人主要以畜牧业为生，肉类供给也就相对充足，生产出大量肉类产品。因而西方人的主食也就自然而然地以肉类为主，人们食肉之前无须进行复杂的操作，只需要烤熟即可食用，因此烹饪技法方面并无太高要求。从另一种角度分析，恰恰是食物所具有的自然优势限制了烹饪技法的发展。在当时缺乏食用工具的背景下，一个家族的实力情况如何，能够通过其用器的奢华程度展现出来。

除此之外，西方人在饮食过程中非常重视一些细节问题，比如，菜品用料、服务态度以及形状搭配等。尽管西方的烹饪手法倾向于将各种不同的食物搭配起来，但并不会导致每种食物失去原有的味道。这种烹饪技法在西餐中属于常见现象，比如，“英式牛排”的烹饪方法讲究土豆和牛排相搭配，并在盘边放置一些新鲜的菜蔬，达到摆盘规整、外观精美的视觉效果。然而，对于追求食物美味的中国人而言，此种烹饪方式绝对无法满足他们对美味的需求。其原因在于食物的味道并无明显改变，仅仅是食物的位置发生变化而已。因此，其充分体现出中西方饮食取向的差异性。

在西方人饮食观中，食物的营养成分排在第一位，其次是食物的视觉效果，最后才是食物的味道。总而言之，西方人们的烹饪技法以营养价值为基准，在实现营养成分最大化的前提下才会探究其他烹饪技法。

4. 民族性食物

英汉两种语言存在相同的特点，即在每种语言习语中都常用本国特有食物或常见食物进行隐喻，当然，这也是语言文化的个性特征。其原因就是在不同的文化背景下，每种食物都有其独特的象征意义。在汉语语言中，这种象征主要体现在两方面：

（1）类比象征，根据食物的特性来表达象征意义。在中国特色食物中，最具有代表性的食物就是饺子，其原因主要有三点，分别是饺子的特性、饺子的发音、特殊节日。由于饺子的外观犹如金元宝一样，因此人们经常将饺子隐喻为用于招财进宝的吉祥之物。此外，饺子的谐音“交子”，象征着财富和吉祥。通常情况下，中国人在除夕之夜吃饺子，其寓意为“更岁交子”，象征着合家欢乐和美满幸福。

（2）谐音象征，根据食物的谐音来表达象征意义。比如，“枣”的谐音“早”，喻义为“早”，再加上枣树果实繁多，因此，“枣”还经常象征着人丁兴旺。再比如，鱼的谐音为“余”，象征着吉祥和财富，过年期间吃鱼寓意为“连年有余”。

在信仰文化的影响下，大部分西方国家的人们都格外珍惜食物，觉得其来之不易，认为食物是上帝的恩赐，并且具有特殊的意义。在所有食物中，最具代表性的民族性食物除了面包和葡萄酒之外，还有牛奶和苹果等。

面包作为西方人的基本主食，其发明在英国人看来是伟大的成就。对于英国人而言，面包就是“生命之粮食”，具有特殊的文化内涵和民族意义，不仅仅是满足人类基本需求的客观食物，而且是满足人类精神需求的主观食粮。换而言之，面包作为人们生活中的必需品，也是人们精神追求的信仰化身。因此，面包既是西方国家的一种常见食物，也是一种具有代表性的特殊食物。在英语文化中，面包“Bread”主要以文化词汇的形式存在，其相关习语也比比皆是。

大部分西方国家的人们都有自己的信仰，并且其饮食方面也具有相应的文化色彩。其中，最具有代表性的食物就是葡萄酒。在英语语言文化中，葡萄酒象征着事物的变换。而牛奶也具有象征意义，喻义为富有和美好。比如，英语习语“A land flowing with milk and honey”喻义为“肥沃富饶的土地”；“The milk of human kindness”寓指为心地善良、品德高尚之人。此外，关于吉祥符号，西方国家的吉祥符号有“Egg”，象征着财富、健康以及好运等。而中国常见的吉祥符号有“苹果”，象征着平安、健康。虽然“苹果”一词在英语文化中也具有特殊的象征意义，但是其象征偏于贬义，即象征着欲望、祸端，与苹果在汉语文化中的美好寓意恰恰相反。

5. 英汉就餐工具

在远古时期，每个民族的饮食方式都是相同的，即用手抓食物。在人类智力有限的条件下，这是相对简便的饮食方法。随着历史文明的发展，人类的智慧也有所提高，饮食方式也得到相应改变，人类不再食用生的食物，已经学会通过钻木取火的方式将食物烤熟，并且选取能够代替手的工具食用食物。最初的代替工具就是竹条，也是祖先开动智慧所取得的成果。需要注意的是，筷子的衍生原型就是竹条。因此，远古时期的饮食方式彻底发生改变。据史书记载可知，商朝时期就已经出现了筷子，当时被人们称为“箸”，从字形角度看，早期人们所使用的筷子是选用竹子制作而成，只有部分贵族人士，尤其是商纣王所使用的筷子是用象牙制作而成。通过饮食文化的发展及其现象展现，很多有关“筷子”的习语随即出现，其中，部分习语根据筷子特性进行隐喻。

西方人用餐时所使用的工具为刀和叉，这一点与中国人明显不同。从时间的角度看，刀叉出现的时间要远远晚于筷子，原因在于西方国家的人们主要以游牧为生，大部分时间都骑在马背上，并且习惯随身带刀，其目的就是将刀作为采取食物的工具。然而，随着时间的推移，西方人的生活方式发生改变，从原来的马背生活逐渐转变为定居生活，但其饮食结构并没有发生较大变化，依旧是以肉类为主，餐工刀具也始终保持原样。西方饮食文化在语言层面带有一定的特色，如英语习语“Play a good knife and fork”，喻义为“开怀畅饮”，关于餐具刀叉的英语习语也数不胜数。总而言之，在两种不同的语言文化中，以用餐工具为源语进行隐喻的习语具有显著差异性。

第六章　英汉人体与动植物隐喻的认知对比

隐喻既是一种语言现象，也是一种认知现象。围绕英汉人体与动植物隐喻的认知对比，本文展开如下分析。

第一节　英汉人体隐喻的认知对比

众所周知，隐喻在语言学上是一种修辞现象，更多地被运用于文学创作中，但是在当代认知语言学中，隐喻还具有另一层意义，就是人类在认知世界过程中基本思维、认知和概念化的方式。通过隐喻来认识事物的过程，是从熟悉的认知域（或称为始源域）到未知域（或称为目标域）的映射过程。因此，在人类组织、表达概念，认知世界的过程中，隐喻是一个基础且重要的手段。

在原始社会，人类开始认知世界，那时“近取诸身，远取诸物”是人类遵循的认知原则，人类把自己作为标准，通过体认、体验的方式来认知世界。在认知世界的过程中，人类会采取将人体部位投射于客观世界的方式，也就是通过认识自己的身体来认识客观世界。在这种认知方式中，认识身体是认知域（始源域），被投射的世界是未知域（目标域），形成一种人体隐喻化的方式，从而来认识未知事物。因此，人类语言中就出现了很多以身体部分作为喻体的隐喻词。

人体隐喻化的认知方式存在较为普遍，但有其局限性。因为在不同地理历史文化和不同语言环境中生活的不同民族，人体隐喻化认知上具有差异。使用不同语言的民族看待世界是不同的，因为语言往往能体现出一种世界观。

一、人体隐喻化认知的工作机制与特点

人类无法脱离开客观世界而生存和生活。人类通过自己的身体与世界取得联系并相互作用，利用身体部位和结构以特别的方式来认识客观事物以及世界万物之间的关系。因此，应该说概念和意义同属于心理现象，二者从人类的身体经验出发，通过身体与客观世界呼应所产生的体验形成。所以，人类认识客观世界其实始于体认，即将身体各部位投射于客观世界的人体隐喻化方式。

（一）人体隐喻化认知的工作机制

在认知语言学中，意义被认为是源于人类身体本身的经验和社会属性的经验，而不是来自与客观世界的对应。人类进行推理的过程与身体及大脑息息相关，人类的身体和大脑作为一种特殊结构，与环境之间互相作用，由此形成人类思辨活动的无意识基础。人类通过身体和大脑体验世界，就形成了概念，而概念也只有通过身体和大脑才能够为人类所理解。有一种说法是，概念主要通过感知能力和肌肉运动能力形成。莱考夫和约翰逊（1980）、莱考夫（1987）和兰盖克（1987）等通过研究发现，概念对于人类而言并不是抽象内容与客观世界直接对应那么简单，而是一种想象力的产物，人类心中的世界并不是真正的客观物质世界。研究还发现，概念的形成通常会借助“意象图式”（Image Schema），意象图式可分为部分整体图式（Part-whole Schema）和容器图式（Container Schema）两种。这些图式在人类的感觉运动中形成，而意义形成于这些图示中。这些图式本身就具有意义，且无法以数学化来概括。因此，研究者提出，概念结构来自人类将身体经验和社会经验投射为抽象事物的认知能力，而理性思维正是一般认知过程作用于这种概念结构的结果。

空间概念和人体部位是抽象概念形成的主要基础，这是因为人类的祖先是从认识空间和身体来认识客观世界的。布莱恩·特纳曾经提出，人类身体是有关社会组成和瓦解的隐喻的重要源泉。人类身体从自然的角度来说是一个环境，从文化的角度来说是与人类自我相关的中介。人类的身体通过语言、写作、宗教等活动，成为劳动作用于客观自然的结合点，人类的身体也就自然而然地对自然秩序和人类文化之间的结合点起到决定性作用。人类的认知顺序决定人类祖先通常会通过自己的身体和经验来衡量客观世界，也就是“体认”，这是因为，人类首先认识的东西是周围的、具体的事物，而人类的身体就属于其中。随后，认知向更高级的阶段发展，熟悉的事物会被人类当作认识与体验来描述不熟悉的、抽象的事物，具体的事物会被用来定义抽象的意义。因此，不同的概念之间就形成了隐喻语言，人体隐喻化语言也在其中。

所以，人最开始认识周围世界的基础原则就是：从认识自己的身体构造开始，随后用已经熟知的身体部位来指代客观世界中其他事物的类似之处，继而指代抽象概念。举例来说，“眼睛—针眼—心眼”过程就充分表明这一点。由此可见，人类的认知规律，是将自我作为中心，然后由己到他，由近到远，由具象到抽象，由简单到复杂。“人类中心说”所要表达的也是这个含义，即从自身出发，延伸到外部事物，再延伸到时空和抽象的其他内容。由此可见，人类运用人体隐喻化认知，即把人体部位作为出发点和基础，取得对身体的认识，并将这一认知结果当作始源域向客观世界的其他事物概念进行投射的方法，来实现认识世界这一目的。

人体范畴包含在基本等级范畴（Basic level category）内，所以，人体范畴词汇也包含在基本等级范畴词内。与人体相关的词汇具有三个特点：第一，一些音节少、词形简单的本族词语和中性词比较难以分析，它们的组成任意性较强，使用频率最高；第二，人体词是最早成为词汇的词语，其数量不多且形式固定，但却具有极强的构词能力；第三，这些词汇从原型意义向外延伸扩展时，比较容易具有隐喻、转喻等意义。如英语中的“Head”“Eye”“Face”“Hand”“Heart”“Ear”等；汉语中的“头”“眼”(或“目”)、“脸”(或“面”)、“手”“心”“耳”等。这在英汉两种语言里是一致的。

人体隐喻化认知过程是人类把对自己的身体各部位（头、眼、耳、鼻、口、肩、臂、手、腰、腿和脚等）的认知形成的概念域作为始源域（Source Domain），投射到不熟悉的、抽象的目标域（Target Do-main），以此来认知世界其他事物的过程。它属隐喻认知的一种，形象而生动地出现在生活的方方面面，且以规约化的形式（Conventionalized）进入词汇层。如英语中的“Head of a bed”“Face of a watch”“Eye of a needle”“Mouth of a well”等，以及汉语中的“山头”“车头”“桌面”“鞋面”“出人口”“洞口”“车门把手”“桌腿”“山脚”等。人体隐喻的形成并非偶然，它是人类的生存活动与其认知思维相互作用的必然结果，既反映出大脑对客观世界的体验，又是自然范畴的外在物化形式。

（二）人体隐喻化认知的主要特点

人类将对自身身体部位的认知作为始源域（也就是喻体），向陌生及抽象的事物（目标域，也就是本体）进行投射，从而认识客观世界，即人体隐喻化认知。最开始，人类语言中所出现的抽象概念词汇很少，因此人类描述世界时，就需要借助熟悉的具体词汇，比如身体器官（头、手、脚、口）等。身体器官作为人体的一部分，被人类用到人以外的事物（山、河、花、草）时，就形成隐喻的方式。世界上许多语言都有类似的表达方法，如汉语中有“针眼”“山腰”“桌子腿”“椅子背”等，英语中有“Eye of a needle”“Mouth of the river”“Foot of the mountain”等。人体隐喻化认知一般有思维上的类比性、语义上的矛盾性和固定性以及语言形式上的复用性等特点。

1. 思维上的类比性特点

类比（Analogy）按照《西方哲学英汉对照辞典》的定义为：“原来指不同事物之间的数学比例，现在已推广来指不同事物之间的类似和相像。如果一个表述被推广用于另一些事物，这些事物与该表述所适用的原来那些事物在某些方面相似，那么，这个表述就具有了类比的意义。”如“头”“腰”“脚”“鼻子”等最初只属于人体，所以只能和代表“人”的语言符号形成组合关系。通过隐喻，进行相似性联想，人体部位被用到动物等其他事物。比如，“头”可以表达最高处或者最开始，“腰”“脊”等可以用来描述一座山，针、泉水甚至一盘围棋都有“眼”，茶壶有“嘴”。除此之外，树木的主干被称为“树身”，瓶子最细的地方叫作“瓶颈”，桌子椅子都有好几条“腿”。从以上的描述中可以看出，人的身体与世界万物被连接在了一起，人是以体验的方式来认识和命名世界万物的，也就把自己融入了世界之中。通过人体隐喻形成的认识和类推，对语言产生了一定的影响，其中所形成的词汇并不是临时的，也不单单只是一种修辞，最重要的，是这种方式以一种开放、发展的姿态在语言中得到体现，并且会始终伴随着人类的认知活动，为人类的语言添砖加瓦。

2. 语义上的矛盾性和固定性特点

（1）隐喻中表现的语义矛盾性。莱考夫和约翰逊曾提出“跨概念域的映射理论”，这一理论是说，人们借助一个概念领域的结构去理解另一个不同的概念领域结构，这就是隐喻认知的过程。一个隐喻中会包含两个不同的事物或概念，且二者分别来自不同的认知域，通过某种手段（语法手段）将两个不同类别的概念并置，就会形成语义上的冲突，也可以称为“范畴错置”，即隐喻所存在的矛盾性。比如，如果通过语法手段，将表示人体器官或部位的概念与表示其他事物的概念等同，会构成一些人体隐喻词汇，如“山头”“山腰”“山脚”“针眼”“泉眼”“The foot of a mountain”“The mouth of a spring”等。从语义的角度进行分析，这些词汇的组合似乎不符合常理，在语义上造成了矛盾。其实，这种“矛盾”恰恰是隐喻语言作为一种特殊语言现象所具有的语义特征和身份符号，也是对人类特殊思维特点的反映，体现出人类面对未知、陌生的世界，习惯性借助已有认知与经验，以自我为中心，通过对身体的认识来了解其他领域事物的特点。可以说，以“人”推“物”，此种思维倾向是隐喻所体现出的，通过语义表面存在的矛盾深入分析，去发现双方的相似之处，才是理解隐喻真正意义的途径。

（2）隐喻中表现的语义固定性。固定性是隐喻的另一大特点，指所形成的隐喻词汇为大众所认可，其语言模式语法化，从而成为约定俗成的词汇在日常为人们所使用，比如“山脚下”“门口”等已经成为现代汉语系统中的固定词汇群体。该群体在语义内容和结构上都是固定的，从根本上体现出人体隐喻词汇的固定性特点。此外，人体隐喻词汇的语义内容通常会被固化为词语本身的义项，如“东西的最下部”作为“脚”的一个义项已经进入辞书，毫无疑问，这个义项的产生有赖于“山脚”“墙脚”等隐喻词的产生。再如，“小洞；窟窿”成为“眼”的一个义项已经进入了辞书，承载此项语义内容的隐喻词有“泉眼”“炮眼”“针眼”等；“眉”的“书页上方空白的地方”的义项在隐喻词“书眉”中得以固定。在《朗文现代英汉双解词典》中，“foot”的其中一个义项就是“The bottom part（of）；base”，承载此项语义内容的隐喻词有“foothold”“footnote”等。由此可以得出结论，隐喻化认知能够产生新的语义，可使词汇生成多义，但当这些意义固定成为该词语的一个义项后，其隐喻性就会逐渐消失至难以察觉，慢慢地，这些隐喻就成为“死喻”(Dead Metaphor)。

3. 语言形式上的复用性特点

人体隐喻词还具有一个特点，就是这些词语形成并被广泛接受后，就会进入词汇系统不断为人所运用，这种特点被称为语言形式的复用性。人体隐喻词与一般临时性的修辞不同，临时性的修辞注重陌生感、新鲜感，通常有着标新立异的艺术效果，会刻意避免陈词滥调，尽量使用充满创造力的新鲜内容，因此这种临时性的修辞一般不会反复使用。相反，人体隐喻词汇经常被反复使用，这是因为其具有指称性和固定性两个重要特征。在反复的使用中，人体隐喻词的隐喻性会渐渐消失到不为人所察觉（死喻），但是其认知的特性使之仍保持着很强的生命力。

二、英汉人体隐喻化认知的对应程度

不同地域的人所使用的语言不同，但即便语言差异极大，人类所具有的身体结构依然是相同的，这就决定在使用人体隐喻化认知功能上，英汉两种语言在很多方面是相同的。但同时，由于文化差异比较大，因此英语和汉语在人体隐喻化上具有明显的区别。本文将两种语言的隐喻化一同分为三种情况：

（一）英汉人体隐喻化认知的完全或基本对应

英汉两种语言在某些人体隐喻化认知上完全或基本的一致性，不仅始源域相同或相似，而且目标域也相同或相似。如：“眼球”(Eyeball)，“头儿”(Head)，“脚注”(Footnote)，“心弦”(Heartstring)，“背包”(Backpack）等，这属于完全对应的；“老手”(Old hand)，“新手”(New hand/Newcomer)，“面对面”(Nose to nose/Face to face）等。由于语言的种类和表现形态的不同，汉语多以复合词出现，而英语多以短语出现。另外，由于汉语是一种世界上最古老的语言，语言表达比较丰富。例如当指代头部时，我们有“头”和“首”两个词，并由此组成了许多词语如“领头人”“头等大事”“头号”“首领”“元首”“首富”“首创”“首席”等，而英语中只有“head”来对应。再如汉语中可以有“口”和“嘴”两个词来表示人的嘴巴，组成“山口”“出口”“快嘴”“大嘴”等词语，而英语中只有“mouth”来对应。

（二）英汉人体隐喻化认知的不对应

使用英汉两种语言的民族所处的语言文化具有很大差异，而语言对世界观有着很大影响，使得不同民族观察世界的角度与方法有所区别，对事物进行认知时的认知参照点（Cognitive reference point）就不一致。因此，英汉两种语言中体现出人体隐喻化认知不对应也就不足为奇。举例来说，汉语中的“耳机”，英文写作“Head phone”，直接翻译过来是“头机”。同一种事物的不同定义体现出两种语言不同的认知参照点，汉语强调具体佩戴位置，也就是“耳朵”；英语模糊佩戴位置，体现大致范围，也就是“头部”。其他类似的表达法还有“手表”（Wrist-watch），“回嘴”（Back answer），“泉眼”（Mouth of a spring），“在眼皮底下”（Under one's nose），“掌上明珠”（Apple of the eye），“当心”（Mind your eye），“扶手”（Arm of a chair），“手机”（Cellular phone/Mobile phone）等。

（三）英汉人体隐喻化认知的空缺

使用英语和汉语的两个民族在认识事物时，认知参照点有明显的差异，导致了在英汉两种语言中的人体隐喻化认知存在空缺现象。具体就是，其中一种语言具有的人体隐喻化用法，在另一种语言中不存在。汉语中有而英语中没有的如“山腰”“帽舌”“木耳”“银耳”“书皮”“书眉”“书目”“针鼻”“拳头产品”“一把手”“二把手”“两手抓，两手都要硬”“双肩挑”“一手软、一手硬”等；英语中有而汉语中没有的如“A handful of”“A heedful of，pull one's leg”“Hands of a watch，mother tongue”“Farmhand”“Deadeye”“Neck and neck”“Nose to nose”“Lips of a cup”“Ears of wheat”“Breast of a mountain”“Lap of a mountain”“The brow of a hill”等。

三、英汉人体隐喻化认知的优势分布呈现

使用英语和汉语的两个民族生活的位置不同，文化、风俗、民族心理就各不相同，对事物的认知参照点也有所区别。所以，不同语言中的人体隐喻化认知所体现出的优势分布也就不同。

（一）地理位置的不同产生优势分布的差异分析

不仅社会文化会对人体隐喻化认知造成影响，自然环境也同样会产生影响，所以，人体隐喻词汇的创造也会受到两方面的影响。英国有很长的海岸线，因此英国人观察海洋、对海洋的人体隐喻化认知就十分细致，例如：“A tongue of land”（地的舌头/岬），“A finger of land”（地的手指/陆地伸入海中的狭长地带），“A neck of the sea”（海的脖子/海峡），“A neck of land”（地的脖子/地峡），“An arm of the sea”（海的手臂/海湾）等。而我们中国是个多山的国家，汉语几乎把人体从头到脚都拿来喻指山的不同部位和形状，例如：“山头”（The top of a hill），“山嘴”（Spur），“山口”（The mountain-pass），“山洞”（Cave），“山腰”（Mountainside），“山脉”（The mountain range）等。

（二）语言种类形态的不同造成的优势分布差异分析

英汉两种语言的区别还体现在种类与形态方面。英语属于拼音文字系统，是一种分析综合型语言，变化形式多样，常常加减前后缀来构词，如“Hand-handle”“Nose-nozzle”“Face-surface/ preface”“Head-heading”“Foot-footing”“Ear-earing”。而汉语则属于表意文字系统，是分析型语言，书写标准的汉字被称为“方块字”，字形均匀对称，没有什么变化形式，常由两个或以上的语素以特定方式结合，构成复合词，如“针鼻儿”“书脊”等。由此可以看出，英语和汉语这两种语言在人体隐喻化方面具有不同的优势，英语的优势是动词和短，而汉语的优势则是名词和复合词。

1. 汉语的名词优势与英语的动词优势表现

汉语的名词优势就是汉语中的人体隐喻词大多用作名词，如“元首”“桌面”“泉眼”“人口”“中心”“国脚”等，一般不能直接转义用作动词。如果需要用作动词，需和另一个动词合用，如“首创”“首映”“首发”“面对”等，我们只能说“面对未来”而不能直接说“面未来”，而英语则能直接说“Face the future”。在英语中，很多名词性的人体隐喻词会被直接用作动词，其原因在于使用英语的民族经常将身体部位的概念直接投射到抽象的动作之上，如“Head the committee”“Face the future”“Hand the keys”“Mouth one’s opinion”“Eye a needle”“Nose for information”“Be armed to the teeth”“Shoulder the responsibility”“Elbow one’s way”等。

2. 汉语的复合词优势与英语的短语优势表现

汉语中出现的人体隐喻化认知基本形式为复合词，这就是汉语中的复合词优势。其形成原因有两个：

（1）汉字大多数为单音节。一方面，把字组成词灵活方便，尤其适合复合构词，因此，汉语中的新词通常都是利用复合构词的方式构造出来；另一方面，汉字有很多同音字，辨义有困难，因此需要依靠复合构词来丰富汉语词汇系统；此外，从词汇的发展历史来看，单音节占优势逐渐发展为双音节占优势，是其重要的内部规律。

（2）人体词汇的复合性是由隐喻化认知决定的。人体隐喻化认知将人体部位关联到其他事物上，因此人体隐喻词汇一定包含了分别来自“人”和“物”两个认知域的语素，其通常是由人体部位的语素和其他事物特征的语素构成，形成复合词。举例来说，头和眼原本指的都是人体部位，但这些词被用在另一个认知域中时，就会加上表示其他事物的语素，于是出现了“山头”“泉眼”等词汇。

人体隐喻词大多属于偏正式。在一个偏正式的词中，表示人体部分的中心语素是“正”，表示其他事物的部分是“偏”，起到标志性作用，用于限制中心语素。如此一来，两个不相关的事物就通过隐喻形成了复合词，复合词可以起到生动的作用，帮助人们更好地认识客观世界。

与汉语不同，人体隐喻化认识在英语中通常体现为短语结构，这就是英语的短语优势所在。因为英语属于拼音文字系统，是一种分析综合型语言，所以当英语中表示身体部位的概念投射向其他事物的概念时，通常会构成短语结构。如"山脚"在英语中我们一般说"The foot of a mountain"其他的还有"The head of an arrow""The face of a watch""The mouth of a river"等。当然在英语中也复合词，如"Footnote""Sweetheart"等少数合成词，但不如短语那样普遍。

（三）民族心理思维文化与语言世界观的不同而产生的优势分布差异

不同民族看待世界的方式与角度不同，是因为民族心理思维文化和语言世界观的不同。因此，在英汉两种语言中，人体隐喻化认知出现了不同的优势分布。在汉语中，人体隐喻化认知会通过人体器官之间的关系来喻指其他事物之间的关系，从而呈现优势分布。而英语的优势分布，会体现在喜欢通过人体器官的不同位置及形状来喻指其他事物。

"天人合一，天人相应"是汉语民族的一种整体思维，在这种思维的影响下，汉语民族将人体看作一个整体，同时十分看重每一个部位、每一个器官之间的相互关系。除此之外，还会将人体的每一个器官与自然中的事物相联系。如我国最古老的一部中医典籍和哲学著作《黄帝内经》就是用阴阳五行相生、相克的原理解释人体五脏之间的关系。我国另一部哲学著作《易经》以文字形式系统明确地提出，八卦分别代表天、地、雷、风、水、火、山、泽。在《易经》作者看来，这八种自然物构成宇宙整体，《易经》作者还将八卦与人体作类比，说："乾为首，坤为腹，震为足，巽为股，坎为耳，离为目，艮为手，兑为口。"

与汉语民族相比，使用英语的民族更为理性，他们强调科学知识，喜欢分析，注重逻辑和特殊的辨识。所以，此种情况下，英语中的人体隐喻化认识就更多通过人体部位的位置形状来喻指其他事物。比如："The head on a glass of beer"，"Flames in the forehead of the morning sky"，"The brow of a helmet"，"The neck of a microphone"，"The throat of a tennis racket"，"The arms of a tree"，"An elbow of the road"，"A finger of land"，"An arm of the sea"，"The foot of a lamp"等。

第二节　英汉动物隐喻的认知对比

在人类发展的历史长河中，人类与动物始终存在密不可分的关系。在人类与动物长期接触的过程中，人类已经对动物逐渐产生相应的认知经验，而这部分认知经验属于人类对世间万物整体认知的范畴之内。由于隐喻认知与文化模型具有一定的相关性。因此，在不同的文化背景下，动物隐喻也体现出明显区别。本章节拟通过英汉动物隐喻的认知对比，以期分析和探索出一些新的不同之处，如图6-1 所示。

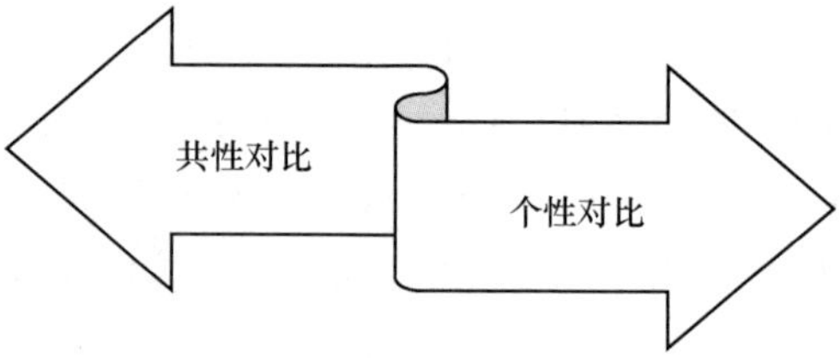

图 6-1　英汉动物隐喻的认知对比

一、英汉动物隐喻的共性对比分析

通常情况下，人类会对动物及其隐喻意义产生相似的认知，因此，英汉两种语言中出现了很多相似的动物隐喻。如：

（1） As black as a crow.（像乌鸦一般黑）

（2） As cowardly as a rat.（胆小如鼠）

（3） As sly as a fox.（像狐狸一样狡猾）

（4） As grace as a swan.（像天鹅一样优雅）

（5） As strong as an ox.（健壮如牛）

（6） As stupid as a donkey.（像驴子一样笨）

（7） As lazy as a pig.（像猪一样懒）

由此可见，乌鸦的黑，老鼠的胆小，狐狸的狡猾，天鹅的优雅，牛的健壮，驴的笨，猪的懒惰，在英汉两种文化中是相同的。

某些习语的表达，也有许多相似点。如在汉语中的“骑虎难下”比喻做事遇到困难，但迫于形势又不能不继续做下去，英文中也称该种行为或形势为“Ride a tiger”；当汉语中表达玩一场“猫捉老鼠”的游戏时，英文也用“Play cat and mouse with someone”表示同样的含义；我们常用鳄鱼的眼泪来形容假慈悲，英文也有“Crocodile tears”的说法；说某人自找麻烦，汉语中叫“捅马蜂窝（捅娄子）”，英文也用了相同的表达“Stir up a hornets' nest”。类似例子还有：A cat has nine lives.（猫有九条命、吉人天相）；He just parrots what other people say.（他只会鹦鹉学舌）；It's a good fishing in troubled water.（浑水摸鱼）。

二、英汉动物隐喻的个性对比分析

在不同的文化背景下，英汉民族人们的宗教信仰、生存环境以及社会习俗等方面也各不相同。因此，将动物作为隐喻对象时，人们将充分分析和比较所认知的事物，并展现出不同的个性特征。

（一）自然界中的动物个性对比分析

1. 狮子和老虎

中国人把老虎看作“百兽之王”“森林之王”。因此，在汉语中“虎”也表示着“勇猛、有活力、尊贵、权威”（Majesty; Malignity; Ferocity; Domrance），如“虎虎有生气”“虎头虎脑”“龙腾虎跃”“拦路虎”“山中无老虎，猴子称大王”。《水浒传·豹子头误入白虎堂》说的是林冲携刀进入了白虎节堂，白虎节堂即商议军机大事的地方，因而他被“脊杖二十，刺配远恶军州”。由此可见，中国人对虎的敬畏自古就形成了。

而英语中则用狮子（Lion）或其他的动物表达类似的意思。如：A lion in the way.（拦路虎）；When the cat is away, the mice will play.（山中无老虎，猴子称大王）。

西方人常常用狮子来表达勇猛之意，比如“阿黑尔是狮子”，其含义就是阿黑尔具有勇猛特点。除此之外，英国国徽上横卧着一头狮子，由此可知，狮子象征着国家，而英王查理一世也因自身的丰功伟绩和骁勇善战，被英国人称为“The lion heart”。

然而，在中国人看来，老虎才是勇猛的化身，喻指对象的差异主要源于地理环境的不同，狮子在中国大陆较为少见。直至现今，狮子始终都是英国人推崇的对象。通过古罗马所举办的竞技活动，即勇士与狮子之间搏斗，就已表明英国对狮子的重视程度。

2. 蝙蝠

在中国文化习俗中，蝙蝠中的“蝠”和“福”谐音。因此，人们常用“蝠”象征福气，蝙蝠飞进家寓意为福到、福在眼前，而五只蝙蝠寓意为“五福临门”。然而，在西方国家，蝙蝠的喻义和象征恰恰与中国相反，尤其是欧洲国家，人们以蝙蝠来表示罪恶与黑暗。英语习语中有“As blind as bat”（有眼无珠），“Has bat in the belfry”（异想天开），“Crazy as a bat”（发疯）等。在中国人看来，蝙蝠成群地乱飞是凄凉的场面，英语中的成语“Have bats in one's/ the belfry”却没有这个含义。当钟声响起之时，钟楼中的蝙蝠飞起，犹如神经紊乱、无自知力的精神病人，从字面意义分析，即教堂钟楼里有很多蝙蝠；而从隐喻意义来看，实际上就是形容某人思想奇异、行为古怪。在此基础上还衍生出“Batty”一词，其含义就是“疯疯癫癫的”。

3. 喜鹊

在中国，人们喜爱喜鹊，因为民间流传着这样的说法，即“喜鹊到，喜事来”。并且民间还流传着一个非常经典的故事，即牛郎和织女，这对恋人为了爱情，宁愿牺牲自己饱尝痛苦，每年农历七月七日就是这对恋人相会的日子，他们相会于银河鹊桥上。因此，“鹊桥”象征着情缘，农历七月七日即“情人节”。由此可见，喜鹊不仅是吉祥鸟，而且是幸福鸟。

然而，西方人却不这样认为，他们认为喜鹊是一种喜欢叼东西的鸟，而且叼一些杂乱的东西。因此，西方人将喜鹊比喻为饶舌之人，或者是喜欢搜集零碎物件的人。在英语语言中，“Chatter like a magpie”的含义就是“像喜鹊一样饶舌，喋喋不休”。

（二）家禽及家畜的个性对比分析

在与家禽及家畜长期接触的过程中，人类逐渐对家畜和家禽产生认知，并形成很多用于隐喻的相关词语。

1. 鸡

在我国古代，人们对鸡的重视程度非常高，将鸡称为“五德之禽”。中国民间流传这样一则说法，即人与鬼的时间分界线就是“鸡叫”，白天主要是人类活动的时间，白天属于人类；而黑夜是鬼魂活动的时间，黑夜属于鬼怪。因此，鸡的叫声，就已明确区分白天和黑夜。此外，在毛泽东的名言名句中，“雄鸡一唱天下白”的喻义既明显又深刻，用于比喻旧社会与新社会。

然而，在西方文化中，鸡象征着领导者，常常带给人们一种意气风发、神气十足的感受。与之相关的词语也非常多样化，如：

（1）Tock of the walk/school.（支配别人的人）

（2）A cock of the loft/dunghill.（在小天地中称王称霸的人）

（3）Live like fighting cock.（生活很好，尤指吃得好）

（4）Cock and bull story.（荒诞的故事，无稽之谈）

2. 狗

早在几千年前，人类就已经和狗形成密切关系。然而，在不同的国家文化中，狗的地位也体现出显著的差异性，并且这种差异性可以通过语言表达方式充分展现出来。

在中国，人们普遍认为狗的作用就是看家护院，有时候狗还会成为人们的盘中餐。与狗相关的词语大多都是贬义词。比如，“狗眼看人低”“狗改不了吃屎”“狗腿子”等。而在西方人眼中，狗是非常忠实的动物，深受人们的喜爱和赞赏。在英语语言中，很多关于狗的词语基本都是褒义词，如：

（1）Every dog has his day.（凡人皆有得意日）

（2）A good dog deserves a good bone.（立功者受奖）

（3）He worked like a dog.（他工作很卖力）

(4) Barking dogs seldom bite.(吠犬不咬人)

3. 牛

在中国文化中，人们常用“牛”表示勤劳，与牛相关的词语大多都是褒义词，并且词语也非常多样化。如“牛气冲天”“牛市”“初生牛犊不怕虎”等。从古至今，在农耕劳作过程中，牛一直都是人们的得力帮手，由于牛的力气非常大，并具有性情温和、任劳任怨的特征。因此，鲁迅先生为了称赞辛苦劳作的人们，曾经用“俯首甘为孺子牛”来表达。在现代汉语中，“牛”作为人际交流的口头用语，具有厉害的含义。此外，“牛”也能够用作名词，指厉害的人物。

在西方人看来，牛仅仅是身躯庞大的动物而已，其行为过于鲁莽粗笨，因此，有关牛的词语大多都是贬义词。如：

(1) Like a bull at a gate.(狂怒凶悍)

(2) A bull in a china shop.(鲁莽闯祸的人)

(3) Throw the bull.(胡言乱语)

“Calf”(牛犊)，“Cow”(母牛)，“Buffalo”(水牛)的文化内涵也都是贬义的，如：“Calf”比喻呆头呆脑的年轻人；“Cow”比喻肥胖丑陋的女人；“To buffalo sb.”指恐吓某人。

(三) 现实中不存在动物的个性对比分析

在现实世界中，有些动物实际是不存在的，这些动物可能是人们通过想象和联想而形成，也有可能是现存动物的组合体或变形体，如龙、独角兽等。人们之所以幻想出很多虚假的动物，其原因在于古时人们无法采用科学手段分析和探究一些奇怪自然现象，更无法给予科学解释，从而幻想出能够征服自然的动物。

1. 龙

在中国古代神话中，龙是一种神异动物，集多种动物形态于一身。在人们看来，其具有善变化、兴风雨以及利万物等神异功能。随着历史文化的发展，龙已经成为中国图腾和民族精神的象征。在中国语言文化习语中，龙象征着至高无上的地位以及无法撼动的权势。因此，龙也经常被人们喻义为吉祥和成功。如‘望子成龙”“龙颜大怒”“龙凤呈祥”等。

而在西方文化中的龙，是一种具有魔力能喷火的巨兽。因此，英文中龙的隐喻和中文中的截然不同。例如：

(1) We call her a dragon.[我们叫她母狗(她很凶狠)]

(2) The old dragon.(撒旦、魔鬼)

(3) Chase the dragon.(服用鸦片、服用毒品)

2. 凤凰

在我国民间说法中，凤凰、龙、麒麟和龟称为四灵。其中，龙和凤早已属于民族文化的范畴之内。在中国人眼中，凤凰是百鸟之王，具有吉祥之意，通常将凤凰称为“瑞鸟”。随着民族文化的发展，一些关于凤凰的词语也相继出现，比如：“有凤来仪”喻义为吉祥的征兆和祥瑞的感应；“凤毛麟角”喻义为优秀的杰出人才，或者是非常罕见的珍贵宝物。

西方神话故事中有这样一则说法，即凤凰生命结束之后，其周身将会燃起大火，再在烈火中重生，相较于之前，凤凰拥有更强大的生命力。因此，凤凰既可以称为“火鸟”，也可以称为“不死鸟”。英文中的“Phoenix”具有“复活”之意。

显而易见，在西方文化中，相比于图腾的尊贵，龙和凤的地位相对较低，与之相关的词语也相对较少，并且具有一定的局限性，其隐喻也自然而然地不够丰富。

3. 独角兽（Unicom）

在西方文化中，尽管希腊神话中有大量的神兽，像牛人弥诺陶洛斯（Minotaums）、人马（Cen taur）、美人鱼（Mermaid）、斯芬克斯（Sphinx）、刻克洛普斯（Cecrops）等。然而，大多数神兽基本上都是半人半兽的形态，其地位也逊色于东方文化中的龙和凤。若仅从地位角度看，在所有神兽中，独角兽的地位相对较高，并且得到人们的广泛认可和喜欢。独角兽的外形犹如一匹马，因为其头部仅有一只角，所以才称为独角兽，山羊须和狮子尾象征着高贵。英国王室纹章的图案为动物图，此图的组成部分包括雄狮和独角兽，用英文表示简称为“Lion and Unicorn”。由此可知，独角兽在英国国家占据着较高地位。

由于人类在认知能力、思维方式以及社会经验等方面具有相似之处。因此，人们对动物所形成的隐喻认知也存有相似的地方。然而，在不同文化背景下，各区域人们的生活方式、风俗习惯以及宗教信仰等方面具有明显差异性。基于此，通过动物隐喻对比分析时，人们对隐喻对象所产生的认知范围和个性特征各不相同。由此可知，人类对动物的隐喻认知并不是一蹴而就的，而是随着历史文化的发展逐渐形成。

第三节　英汉植物隐喻的认知对比

植物作为大自然中至关重要的组成部分，与人们的日常生活具有一定联系。随着时间的流逝，人们与自然环境的接触越来越密切，并且人们逐渐发现，植物的某些特征与其他事物特征具有一定的相似性。因此，将植物作为隐喻对象时，植物词汇的隐喻意义转移至所要表达的事物之中，在此基础上进行隐喻，从而形成植物隐喻。

一、英汉植物隐喻与认知

在英汉语言中，植物词汇与动物词汇相似，也含有隐喻含义。通过植物隐喻，不仅能够修饰和补充语言，而且能够充分反映人类自身和其他事物，更重要的是，加强人们的语言交际能力和认知理解能力等。从认知层面具体分析，英汉植物隐喻在相似和差异之处都有所体现，对于此种情况可以从两方面阐述。一方面，在相同的自然环境下，无论是地理位置，还是气候条件，都存在相似之处；另外，人类的身体结构和生理机能也存在较高的相似程度。通过语言交流与表达，人类或事物各方面的相似性得到充分展现，具体表现为不同语言之间具有相似的认知经验。另一方面，不同的民族，其文化也存在明显的差异，比如民族特色、风俗习惯、发展历史等。此种情况下，通过英汉植物隐喻对比分析，各民族所形成的情感和解读也各不相同，也就是说，英汉植物隐喻存在明显不同之处。

二、英汉植物隐喻意义相同或相似

由于认知相等，英汉植物隐喻存在一定程度上的相似性，如：百合花，隐喻纯洁或纯洁的少女。台湾著名歌手罗大佑有一首歌曲，歌词是这样写的“野百合也有春天”野百合就隐喻了纯洁的少女，而英语中也有用“Aswhite aslily”表示“像百合花一样洁白”的说法。

Rose（玫瑰）隐喻爱情、青春、美女。英国诗人罗伯特·伯恩斯（Robert Burns）就以“A Red，Red Rose”为题写过一首爱情诗，第一行就是“My love' sared red rose”(呵，我的爱人像朵红红的玫瑰)。在 Austin Dobson 的“The Rose and the garden”中，玫瑰成了一群年轻学生的喻体。而在曹雪芹的《红楼梦》中，他也用花来刻画少女，例如写探春如“玫瑰花”，“又红又香无人不爱，只是有刺扎手”。中西方人均视“Luiel”(桂冠)为“胜利”和“辉煌成就”的象征。这源自古希腊习俗，当时人们为纪念阿波罗，在德尔菲每四年举行一次匹蒂亚运动会，优胜者可得到用月桂树枝叶编成的花环，如英语习语：“Look to one's laurels”(确保声誉)，“Win one's laurels”(赢得荣誉)等，汉语中“蟾宫折桂”喻指科举及第，“丹桂”是月亮的代称，月桂树“喻指“长寿”。

“Peach”(桃子)中文形容女子的美貌会用到人面桃花，粉面桃腮。如唐代诗人刘禹锡在《竹枝词》(二)中写道：“山桃红花满上头，蜀江春水拍岸流。花红易衰似郎意，水流无限似侬愁。”在英文中“Peach”也可指美人，如“She is really a peach.”一句形容漂亮有吸引力的女子。

“Grass”(草)在英汉两种文化中都可引起“众多”“默默无闻”的联想，如英语“Grass roots”表示基层，相当于汉语中的“草民”或“草头百姓”。“草”比喻多，如“草木皆兵”也比喻贱，如“草菅人命”。

三、英汉植物隐喻意义的差异

英汉植物隐喻意义的差异表现在以下四个方面。

（一）同一植物，不同的隐喻意义

在英汉语言文化中，从字面含义的角度看，大多数植物名词的字面含义并无较大差别。然而，从隐喻意义的角度看，其却体现出非常显著的差别。

柳树中的“柳”与“留”谐音，折柳具有惜别之意。因此，在古代时期，人们离别之时，通过赠送折柳来表达不舍与思念之情，比如，在《送别》这首诗词中，“柳条折尽花飞尽，借问行人归不归”充分表明作者借柳抒发自己恋恋不舍的心境，并表达作者对在外漂泊之人的思念情感。而在英语语言中，柳具有“悲伤”“垂泪”之喻义。其中，悲伤一般是由死亡导致，这也是英国人通过佩戴柳枝帽子来表示哀思的原因所在。如成语“Sing willow”或“Wear the willow garland”，指“痛失心上人”“悲叹爱人之死”“服丧”等。

在汉语言文化中，红豆象征着相思，喻义为美好的爱情。红豆的外形既红艳又明亮，常常用来表示恋人之间的热烈情感。古诗词中，以“此物最相思”为例，其既可以表达纯真爱情，也可以表达相思之情。因此，根据中国文学史可知，红豆的第二象征就是故国之思。在英文语言中，红豆（Red bean）会让人想起《圣经》中的一则故事，即 Essau 因一碗红豆汤出卖长子权，与故事相关的成语就是见利忘义。

（二）不同植物，相同的隐喻意义

由于各区域的地理环境和气候条件存在明显区别，植物品种和数量也具有显著差异，因而各区域人们对植物的认知也各不相同，对于相同的喻义，各区域人们所表达的植物词汇也各不相同；相反，对于相同的植物词汇，其喻义也具有显著的差异性。比如，英国国家气候偏湿润且多雨，在这种气候条件下，蘑菇呈现出快速增长的趋势，因此，为了表达事物发展如此之快，英美人经常用“Mushroom”进行隐喻，而中国人却习惯用“雨后春笋”来表达相同喻义。喻指对象之所以不同，原因在于地域环境和气候条件等方面存在差异性，比如，竹子适合生长于中国江南地区，却无法生长于其他地理环境。

（三）英语中独特的植物隐喻

隐喻义源于《圣经》以及欧洲文化特别是古希腊神话的植物词，是英语中独特的植物隐喻，如：“Olive”（橄榄叶或花冠），“Olive branch”（橄榄枝，象征和平），“Hold out the olive branch”（伸出橄榄枝；求和），橄榄枝的隐喻意义出自《圣经·旧约》中诺亚方舟的故事。其次，英语中还有些独特的植物隐喻源于花语或蔬果类植物，如：“Forget-me-not”（勿忘草）喻指海枯石烂的爱；“Single pink”（单瓣石竹）喻指纯洁的爱（Pure love）；“Geranium”（天竺葵）喻指愚昧

(Stupidity);“Pumpkin”(南瓜)在英文里可指“重要人物”“大亨”;“Spinach”(菠菜)被喻成“钱”,因为菠菜和美元纸币背面都是嫩绿的;“Onion”(洋葱)指人的头脸或搞糟的事、令人讨厌的家伙;“Know one's onion”意为“精明干练”,“Off one's onion”意为“精神失常”;“Garlic”(大蒜)比喻不受欢迎的东西;“Peanut”(花生)指矮小、渺小的人;“Wheat”(小麦)指朴实的乡下人。

(四)汉语中独特的植物隐喻

从古至今,在中国传统的名花名树中,常见的植物有荷花、桂花、松柏以及竹子等,这些植物始终都深受人们的广泛关注和高度重视。在汉语文化中,松柏喻义为坚韧不拔的无畏精神以及忠贞不渝的道德情操;荷花是我国传统名花的代表,象征着出淤泥而不染的高贵品质以及纯洁的爱情和友情;竹子作为正气的代表,常用于比喻君子,因为君子具备刚正不阿、谦虚、有气节等特征,竹子还象征着长寿安宁,中国历代文人墨客将赏竹、咏竹以及慕竹作为一种高雅行为。

总而言之,通过英汉植物隐喻对比分析,不同地域人们的认知能力、民族文化和思维方式等方面的不同之处得以充分体现。此外,对比分析英汉民族的认知差异,能够促进各族人们充分掌握英汉民族的历史文化和思想观念等方面的差异性,尤其是植物词汇隐喻认知的差异性,并加强英汉民族人们的语言交际能力,从而有利于英汉民族文化之间的融合。

第七章　结　　语

目前来看，隐喻认知的本质特征、形成机制和工作机制等是隐喻认知研究的一方面，隐喻认知研究还有一个重大课题需要面对，也就是下文需要讨论的内容。本章对研究价值、研究局限进行论述。

第一节　研究的价值

人类的日常活动和身体体验是认知的来源。虽然世界民族众多，但是各民族的身体体验几乎相同，也就是说隐喻概念存在普遍性现象这一假设是可以成立的。同时，特定的文化和社会环境也影响着人们的身体体验，身体体验也会因文化和社会环境，包括语言、习俗等差异而不同。因此，隐喻概念整个系统也会因为文化不同而存在差异性。但是，差异的程度到底有多大，有哪些相同和不同之处，具体如何表现等，则需要通过有力的事实依据来对比分析才能知晓。

从认知的角度对英汉隐喻进行了系统地对比研究，发现有价值的内容，深入探讨需要改进的地方。在此，本书最后一章进行简要的概括和总结。

一、理论与相关知识特性分析

理论对比语言学的出发点是拥有某个共同的范畴或范围。因此，其中很重要的一点便是确定对比基础的问题。语言现象是隐喻的一方面体现，人类普遍存在的认知现象是其另一方面体现，也是相对语言更为重要的一部分，而其本质是人类对世界的基本认知方式，包括感知周围世界并由此形成对周围世界的认识和理解。隐喻的认知活动是常常将已有经验用于其他或不同领域的探索和说明。并且，隐喻存在于人类的各种文化和文艺活动过程中，人们随处可见。英汉两种语言的对比研究便来源于此，也就是隐喻认知这一普遍存在的共同范畴。

隐喻概念的形成离不开人的身体经历和文化背景。各民族的语言虽然有所不同，但在人类共识文化的前提下，各民族间存在着相同的隐喻概念，同时由于民族间历史、习俗和文化等差异，隐喻系统也会因为语言的不同而存在差异。

比较语言研究能够准确、有效地探索和分析语言差异，因为语言构造这一任务是所有民族作为人所需要共同面对和解决的；而这一探索的意义在于将语言和形成民族精神力量的因素结合并分析其内在关系。因此，英汉隐喻认知对比研究的重要理论基础要考虑两方面来源，一是隐喻概念的文化一致性；二是隐喻系统的共性和差异性。

相对论是语言世界观的来源，而人们对比研究英汉隐喻认知的哲学基础则来源于语言世界观。语言能够反作用于人类认识，是语言世界观特别强调和注重的方面，当然，其前提和基础是承认语言的形成是人类思维对客观事物作用的结果。语言世界观提出，人类的思维和思维方式不仅受语言的影响，而且不同的语言所代表的世界观也不相同，因为世界的图像和方式会因为语言的不同而以不同形象予以展示，人们的认识也就存在差异和区别。虽然语言由人创造出来，但同时也束缚着人类自己；语言就像一个圆圈，将拥有它的民族紧紧围住，而走出这个圈的唯一办法便是进入另一种语言的圆圈。

隐喻是一种方法，能够帮助人们更好地看待事物和感知现实，语言不同，隐喻也会不同，导致其概念系统的体现也存在差异。而人们对世界的认识和与他人的联系以及生活方式的选择来源于隐喻性的概念系统。因此，即使在现实相同的情况下，因为不同的语言形成不同的隐喻，所以人们对现实的感知也会产生不同的想法和体验。由此，人们对世界的理解方式很大程度上来源于隐喻概念系统。语言世界观受到认知语言学隐喻理论的影响，说明语言极大地影响着人们的思维和行为，同时也加深了人们对这一点的认识。

二、国内外的隐喻研究整理

（一）国外隐喻研究阶段

西方隐喻研究可以划分为三个阶段。

阶段一：传统研究阶段。该阶段为隐喻作为修辞格，其代表人物为亚里士多德及其隐喻“对比论”，亚里士多德在其著作《诗学》和《修辞学》中就对隐喻进行了系统地研究，并确立了其后两千年西方修辞学界隐喻研究的基本线索。

阶段二：隐喻的转型和过渡阶段。即从修辞格过渡到认知研究阶段，查兹和布莱克是这一阶段的代表人物，其代表理论为隐喻“互动论”，隐喻“互动论”从四个方面对隐喻进行阐述和升华，既可将隐喻本质的理解范围拓宽，又可认为思想和行动衍生了语言中的隐喻，同时对隐喻意义产生的方式和过程加以强调，而且将语境和隐喻意义相结合，加强两者之间的联系，促进了隐喻认知研究的发展并为其逐渐取代隐喻修辞格的研究提供了保障。

阶段三：当代隐喻的认知研究阶段。莱可夫和约翰逊及其隐喻认知理论和福可尼耶及其对隐喻认知阐释的概念整合理论是这一阶段的代表人物和思想。莱可夫等人的研究对传统隐喻来说是一种突破，其提出的“隐喻认知观”区别于其他阶段和代表人物的思想，是一种标新立异的观点。也使隐喻研究的认知转向得到了实现：其不仅是存在于人类普遍的认知方式，而且隐喻从此由修辞语言现象开始向普通语言现象过渡。

（二）中国隐喻研究阶段

古代隐喻研究、近现代隐喻研究和当代隐喻研究是中国隐喻研究的三个阶段。而且对各个阶段进行了评述，包括代表人物及其隐喻研究理论。对中国古代隐喻理论研究比较透彻，并理解和阐述了其本质和哲学基础的代表作和人物主要有：《诗经》中关于“比、兴”的隐喻理论；刘勰的《文心雕龙》以及陈骏的《文则》中的隐喻理论等。在我国涉及隐喻的著作中，虽然《诗经》可以算是最早的，但从刘勰开始，才真正采用科学的方法研究“喻”，而陈骙第一次在汉语修辞学史上明确提出“隐喻”这一概念，并将其归结为“比喻”的范畴，隶属于“比喻”的某一个下项。

哲学是中国古代隐喻理论的基础，其遵循的原则是“近取诸身，远取诸物”。“比”“兴”和“譬喻”是指对于未知的本物，要通过已知的他物来进行说明，我国古人对这一点的认识也非常清楚。

此外，还要求两个事物要联系紧密，《文心雕龙·比兴》中说：“故比类虽繁，以切至为贵；若刻鹄类鹜，则无所取焉。”这就是说隐喻的本体和喻体之间要有相似点，才能有“物虽胡越，合则肝胆”的效果。人们古人意识到了“比”“兴”和“譬喻”或者说隐喻的认知作用，只是没有也不可能从认知的角度进行系统的论述❶。

中国对隐喻的研究有着两千多年历史。从近现代开始，将隐喻作为学科观念对待并将其纳入修辞学的学科体系，同时结合国外先进的理论和方法，从而展开研究。这些有力措施推动了隐喻理论的发展更加合理化、科学化。而且，为避免重蹈传统隐喻只重功能不重形式的覆辙，在对其考察的过程中，注重功能的同时也关注形式，并将二者进行有效结合。最后，深入研究和探讨隐喻与其他修辞格的联系和区别以及隐喻种类的划分，通过对隐喻进行多学科、多维度和角度的分析，促使其逐渐过渡到语言本位。

（三）英汉语言的多维度研究

1. 人类最基本认识世界的方式

人体隐喻化认知是人类普遍存在的，也是认识世界最基本的一种方式。其认识世界所采取和遵循的基本法则是：“近取诸身，远取诸物”。人体隐喻化认知在思维形式上具有类比性，语言形式上具有重复性，语义上既有矛盾性，又有固

❶ 王珂，李晓艳. 英汉隐喻认知对比研究［M］. 成都：四川大学出版社，2017.

定性和程度性。

人们将相似的结构、功能和位置作为对英汉人体隐喻化认知的基础。通过对两个投射模式的对比分析，一是存在于人体概念域内部的两个概念，它们之间的相互投射；二是从人体概念域到非人体概念域的投射，得出的结论是：英汉人体隐喻化认知的结构功能投射模式基本相同，区别不大。但通过进一步研究发现，汉语中还存在着另一种人体隐喻化认知模式，这是汉语所独有的模式，而且具有高级和复杂性，其来源于我国传统的哲学思想，即“天人合一、天人相应”，同时也对阴阳五行、万事万物相生相克的理论和规律持遵循的态度，将事物之间的关系通过人体器官功能之间的关系进行投射，并以此为依据，将其他事物之间的复杂关系推断或呈现出来。

英汉人体隐喻化认知在功能和规律上的特点是同大于异，这是因为人类在身体构造和感知器官方面都是相同的。但基于文化底蕴和历史发展的不同，英汉人体隐喻化认知也存在着不少差异，无法做到完全对应，如果区别于对应的程度，可以划分为三种情况，分别为完全或基本对应、不对应和空缺。

英汉两个民族在地理位置上相隔甚远，也就造成其他方面存在着很多差异，包括语言文化、心理特征、民族风俗、生活和思维习惯等，导致其会采用不同的参照点来认识事物，因此，不同的优势分布在英汉人体隐喻化认知中呈现出来。通过将英汉两种语言形成优势分布的原因对比分析，得出造成人体隐喻化认知优势分布的原因主要有三个，即：地理位置差异；语言种类形态不同；民族心理、思维文化和语言世界观的不同。而语言种类形态又可从汉语和英语各自的词汇优势进行细分，即汉语的名词和复合词优势分别对应英语的动词和短语优势。

2. 人类认识世界的主要隐喻认知方式

空间隐喻化认知是人类认识世界的主要隐喻认知方式。人们通过两方面的系统对比分析和研究：一是英汉两种语言的空间关系选择和表达形式上，二是空间隐喻化认知数量、社会关系、范围等方面，探讨其共同点和差异性并分析原因。以下将具体进行说明。

首先，对比英汉两种语言的表达形式以及空间关系选择。人们认为，英语两种语言面对具体的某一种空间关系时，其表现形式会存在差异，对待事物的维度也不一样，汉语相对英语更加简洁，而英语相对汉语则更加精确，二者的差异通过认识和空间关系的表达体现出来。

其次，探讨英汉两种语言空间隐喻化认知的数量、状态和范围。即：

（1）数量的空间隐喻，英汉基本相同。

（2）状态的空间隐喻，英语除了跟汉语一样注重“上下”外，也注重“里外”，同时英语以精准为主要特点，汉语则简洁明了。

（3）范围的空间隐喻，英语关注“有无接触关系”，“上下”和“里外”并重，而汉语只注重前者，也就是“上下”，同时，英语在一定程度上比汉语更精准，而汉语则概括性强兼具模糊性特点。

最后，对比英汉两种语言的权势关系和亲疏关系的空间隐喻，前提是均处于社会关系中。即：

（1）权势关系的空间隐喻，英汉两种语言基本相同，原因在于人类拥有相同的身体体验。

（2）亲疏关系的空间隐喻，英汉两种语言差异明显：汉语相对英语的亲疏关系隐喻，除了“远近”还有“内外”，而英语则基本不用这些词汇。

造成其的原因主要在于英汉两个民族不仅地理环境和语言世界观不同，而且认知取向和风俗习惯也存在很大不同。

（四）多元认知对隐喻方式的研究

第一，“时间在动”和“认知主体在动”是时间隐喻认知的两种模式，虽然两种认知模式存在差别，却能共存于同一语言中。汉族人更倾向于“时间在动”的隐喻认知模式，本书中的例子便足以说明，因为大多同样遵循这一模式，区别于英语偏爱的“认知主体在动”的隐喻认知模式。因此，汉语里有英语不具备的说法，如“大前天和大后天”等。这是因为隐喻映射的实现因语言文化不同，所采用的方式也不同，以及对同一现象的认识因语言文化不同，选择的认知策略也不同。

第二，人们对比研究英汉两种语言在时间上的空间隐喻化认知。虽然人类自己都清楚所有活动的进行都是以一定时空为基础，但时间这一概念过于抽象，既看不见也摸不着。只能用人们所熟悉或其他具体的概念域来完成对时间概念域的认知。而人们通过对比研究发现，将时间概念用空间概念进行隐喻的跨文化共性是人类语言中的普遍现象，其原因主要在于人类的认知能力、思维模式、社会经历和经验以及共同拥有的世界知识等方面具有相似性。不过，差异性也并非没有，因为英汉两个民族的文化底蕴不同、生活习俗、宗教信仰和历史环境以及各自所持的语言世界观也存在明显差异。因此，双方对于时间的空间隐喻也不尽相同，主要体现在以下三个方面：

（1）因为语言文化的不同，不仅对于隐喻映射的实现会采用不同的方式，而且会选择不同的认知策略来评判同一现象。如，汉族人更倾向于“时间在动”的隐喻，而英语则偏好“自己在动”的隐喻。

（2）通过上下方位说明时间范畴时，“过去在上，未来在下”的隐喻概念是汉族人民的普遍用法，而英美民族则与之相反。

（3）通过空间范畴中的前、后方位对时间范畴进行说明时，“过去在前，未来在后”的隐喻概念是汉族人民的侧重点，而英美民族同样以与之相反的方式为主。

第三，对比研究英汉两种语言在时间结构隐喻化方面的认知。人们发现，“时间就是金钱”的隐喻在中国传统语言文化中没有英语那么强势，但英语的强势隐喻也随着全球化的发展和国际间经济文化交流与合作的加强逐渐减弱。

第四，对比研究英汉两种语言在时间本体隐喻化方面的认知。人们发现英汉两种语言对“时间是容器”和“时间是人”两种隐喻的表现形式基本相同。但在“时间是流水”的隐喻中，汉语相对于英语，占据主导和强势地位。

总之，本书立足于中外隐喻研究史和研究成果，并以此为基础，通过多维度、多层次和综合性等隐喻认知方面将英汉两种语言进行对比研究，包括：与人类密不可分的人体、时空、色调和情感等，分析和论述其所具有的相同点和差异，并探讨其异同形成的原因。也只有通过对比，使所对比的语言能够更加深刻地让人们认识和理解，才能将对比语言学的理论意义体现出来，同时使整个语言学的研究向着更深层次的方向发展，使某些语言理论也能够更加完善。

在理论方面，能够补充和完善关于隐喻这一基本人类认知方式的研究思路和研究内容，即隐喻作为一种认知世界的方式，虽然从人类整体的角度来看，是普遍存在的，也得到大家的认可，但由于受到各自语言世界观和民族文化以及地域差异等方面的影响，不同民族采用隐喻认识世界时，其民族个性和差异也体现出来。

本研究能够加深对英汉隐喻认知的理解，其认知模式和优势分布在人体、时空、色调和情感等，隐喻认知方面均存在着不同。因此，本研究能够加深隐喻认知与各民族相关特征之间关系的认识，包括隐喻认知与语言世界观、民族文化、心理状态、思维方式等。同时，本研究在应用方面也能起到一定的参考和利用价值，如对外汉语或外语以及双语教学、翻译学、跨文化交流等。

第二节　研究的局限性

虽然隐喻的研究逐渐突破了单一的修辞格的分类与描写，走上了多学科、多角度研究的发展道路，成为横跨心理学、哲学、文艺学、语言学等学科的多维性研究课题，但仍然存在许多待完善的地方。

第一，对于人类认知世界的基本方式而言，隐喻认知只是其中一种。英汉两种语言所包含的语料非常丰富，而人们基本局限于对英汉两种语言日常用语材料的收集，并以此为依据，对比研究各自与人们生活密不可分且相互关联的多方面隐喻认知，包括人体、时空、基本颜色和情感等。即便如此，人们对于材料的收集还不够完善，存在很大的进步空间。

第二，人们通过对比研究英汉两种语言中的隐喻认知。虽然隐喻认知模式和优势分布特点两个方面找出各自的不同之处，但还不够全面，需要进一步补充。一是在时间的结构化隐喻认知方面，人们只发现了英汉两种语言的差异，但在隐喻认知模式这点，并没有找到各自所对应的具体模式；二是在本体化隐喻认知方面，也是同样的结果。

并且，人们关于英汉隐喻认知的差异分析，只停留于部分层面，不够深入和全面。因此，在以后的研究和探索中，人们需要在这些方面继续努力和挖掘，使其不断完善。

第三，人们认为，如果将语料库的分析用到本研究上，或许能够达到更加理想和完善的效果。另外，关于人们对隐喻认知的研究方式，并不一定要局限于某一个方面，而要从多角度、多层次开展。如英汉隐喻认知这两种方式，在将其进行对比研究时，人们能够从多方面的角度切入。一是本体相同，但喻体是有差异的多个；二是喻体相同，但本体是有差异的多个，可以更加丰富研究的内容和结果。也就是说，就算本书的写作和研究止步于此，但该课题的研究却并未结束，而且任重道远。

同时，动物和植物隐喻化认知对比研究也是英汉两种语言对比所包括的课题内容。而且，除了黑、白、红、黄、蓝、绿可作为英汉基本颜色隐喻认知对比研究外，还有橙色和紫色等其他颜色，也可作为英汉基本颜色的隐喻对比，这些问题都有待人们今后的努力和下一步的研究来解决和完善。

参 考 文 献

[1] Barbara Ann Güldenring. Emotion metaphors in new Englishes [J]. Metaphor Variation in Englishes around the World. 2017, 4, (01): 82-109.

[2] Gilles Fauconnier. Mappings in Thought and Language [J]. mind, 1997, volume 112 (01): 805-812.

[3] Lakoff, G&Mark, Johnson. *Metaphors We Live By* [M]. Chicago: The University of Chicago Press, 1980.

[4] Lifen Gao. A Comparative Study of Conceptual Metaphors in English and Chinese Economic News Headlines [J]. Creative Education. 2016, 07, (17): 2629-2639.

[5] Lv Xiaoting. The Comparative Study of Temporal Metaphors in Chinese and English [D]. 2014: 21-35.

[6] Xue Jin, Yang Jie, Zhao Qian. Chinese-English bilinguals processing temporal-spatial metaphor [J]. Cognitive Processing. 2014, 15, (03): 269-281.

[7] Yi Sun, Yishu Yang, Monika Kirner-Ludwig. A crosslinguistic study into culturally motivated resemblances and variations in transferred epithet metaphors in Chinese and English [J]. Cognitive Linguistic Studies, 2018, 4 (02): 216-248.

[8] 鲍志坤. 英汉情感表达的隐喻溯源——以“愤怒”的语言表达为例 [J]. 中国教育学刊, 2016, No. 274 (02): 77-79.

[9] 蔡晓燕. 语言框架理论与英汉隐喻翻译探究 [J]. 中国科技翻译, 2017 (2): 22-25.

[10] 曹淑珍. 英汉翻译过程中隐喻修辞效果的处理 [J]. 南昌教育学院学报, 2015, 30 (06): 19-21.

[11] 曹艳春. 英汉隐喻认知对比研究与实践 [J]. 沈阳工程学院学报（社会科学版）, 2012, 8 (02): 202-204.

[12] 陈家旭. 英汉隐喻认知对比研究 [M]. 上海: 学林出版社, 2007.

[13] 陈家旭. 英汉语基本颜色的隐喻认知对比 [J]. 西南民族大学学报（人文社科版）, 2003 (12): 284-287.

[14] 陈静, 许先文. 英汉“花”的隐喻认知对比与翻译 [J]. 阅江学刊, 2016, 8 (05): 103-110.

[15] 陈林海, 安晓灿. 英汉经济贸易语言中的概念隐喻对比研究 [J]. 当代外语研究, 2016, 000 (03): P. 4-8, 15.

[16] 陈树坤. 语言语境与金融文本中的英汉隐喻翻译 [J]. 疯狂英语（教师版）, 2009 (04): 135-139.

[17] 陈雪, 徐丽华. 英汉隐喻的文化差异与翻译策略 [J]. 渤海大学学报（哲学社会科学版）, 2018, 40 (04): 106-110.

[18] 陈燕平. 空间隐喻概念“上、下”的英汉对比研究 [J]. 山西师大学报（社会科学版）, 2011, 38 (S1): 102-104.

[19] 陈幼芳. 从英汉动物词汇的隐喻意义看英汉语言文化的同异性 [J]. 湖南税务高等专科学校学报, 2014, 27 (01): 51-52.

[20] 陈玉秀. 基于ICM的英汉隐喻谚语认知对比 [J]. 湖北广播电视大学学报, 2011, 031 (011): 82-83.
[21] 程宏. 中国外交话语隐喻探析 [J]. 文教资料, 2015, (29): 19-20, 62.
[22] 程亚丽. 英汉隐喻对比与翻译 [J]. 中南林业科技大学学报 (社会科学版), 2014, 8 (04): 102-106.
[23] 董革非. 时空隐喻的英汉对比研究 [J]. 东北农业大学学报 (社会科学版), 2014, 12 (03): 60-66.
[24] 杜宁. 英汉习语隐喻的认知对比研究 [J]. 海外英语, 2017 (01): 1-2.
[25] 冯小巍. 现代英语语言学多维探索与研究 [M]. 北京: 新华出版社, 2018.
[26] 高廉平, 苗春华主. 语言学概论 [M]. 重庆: 西南师范大学出版社, 2019.
[27] 巩秀秀. 隐喻视角下英汉情感词汇 "喜悦" 和 "悲伤" 的对比研究 [J]. 文学界 (理论版), 2012 (10): 199-201.
[28] 郭姗姗. 英汉语言世界图景中时间的空间隐喻表征形式的研究 [D]. 长春: 长春理工大学, 2012.
[29] 郭欣欣. 英汉 "喜怒哀惧" 情感隐喻认知共性分析 [J]. 剑南文学 (经典教苑), 2013 (03): 319.
[30] 何寿鹏, 谢庆飞. 论英汉语言对时间概念隐喻认知的方式和差异原因 [J]. 时代文学 (下半月), 2010 (05): 91-92.
[31] 洪爱英, 张绪忠. 论权力隐喻下的汉英语言之争 [J]. 东北师大学报: 哲学社会科学版, 2015, 000 (02): 114-118.
[32] 胡小娟. 浅析文化差异对英汉动物词语隐喻解读的影响 [J]. 现代语文 (语言研究版), 2011 (05).
[33] 胡壮麟. 认知隐喻学 [M]. 北京: 北京大学出版社, 2004.
[34] 黄欢欢. 英汉颜色词 "红" 的隐喻认知对比与翻译 [J]. 读天下, 2016 (09): 17.
[35] 黄鹂鸣. 外交话语中隐喻及其英译的修辞学解读 [J]. 湖南人文科技学院学报, 2018, 35 (6): 84-89.
[36] 黄永华. 英汉隐喻翻译中的文化因素 [J]. 内蒙古农业大学学报: 社会科学版, 2011, 013 (01): 202-204.
[37] 霍晓静. 从认知角度看 "手" 族词在汉英两种语言中隐喻意义投射的相似性 [J]. 吉林广播电视大学学报, 2012 (03): 41-44.
[38] 姜玲. 英汉隐喻句对比研究 [M]. 开封: 河南大学出版社, 2008.
[39] 金晶, 牛新生. 论英汉语言中 "黑色" 的概念隐喻异同 [J]. 现代语文: 下旬. 语言研究, 2011 (1): 87-89.
[40] 蓝纯. 认知语言学与隐喻研究 [M] 北京: 外语教学与研究出版社, 2005.
[41] 李春辉, 王立研. 英汉隐喻文化研究 [J]. 企业导报, 2014 (16): 190, 187.
[42] 李敦之, 于静. 英汉颜色习语的概念隐喻认知对比分析 [J]. 青春岁月, 2014 (01): 137.
[43] 李首权. 英汉温度隐喻认知对比研究 [J]. 太原城市职业技术学院学报, 2013 (12): 199-200.

[44] 李淑艳. 英汉颜色词隐喻意义的认知比较 [J]. 科技信息（科学教研）, 2008 (06): 143-144.
[45] 李昕. 英汉情感隐喻认知对比 [J]. 山西煤炭管理干部学院学报, 2009, 22 (01): 81-82.
[46] 李彦秀, 陆梅, 李萍. 国内英汉隐喻对比研究: 现状与问题 [J]. 江西理工大学学报, 2014, 35 (04): 68-71.
[47] 李英军. 试析隐喻翻译的可译性限度及不可译性——从汉英语言形态差异角度 [J]. 新疆大学学报: 哲学. 人文社会科学版, 2011.
[48] 梁雪清. 从认知角度看隐喻在英汉文化中的异同 [J]. 桂林师范高等专科学校学报, 2012, 26 (02): 168-171.
[49] 刘慧. 英汉时间的隐喻认知对比 [J]. 教育探究, 2016, 11 (06): 81-84.
[50] 刘瑞琴, 韩淑芹, 张红. 英汉委婉语对比研究 [M]. 银川: 宁夏人民出版社, 2016.
[51] 刘源佳. 英汉情感隐喻“喜悦”,“愤怒”的认知研究 [D]. 武汉: 华中师范大学, 2012.
[52] 路红霞. 隐喻认知与英汉文化差异 [J]. 攀登, 2008 (05): 148-150.
[53] 马静文. 汉英语言中关于“眼”的隐喻比较 [J]. 鸡西大学学报, 2012.
[54] 丘卫群. 概念隐喻理论及其对英汉语言教学的启示 [J]. 江西电力职业技术学院学报, 2014, 27 (04): 76-79.
[55] 任俊莲. 从认知角度谈英汉动物隐喻词语的翻译策略 [J]. 吉林省教育学院学报: 上旬, 2011, 027 (01): 119-121.
[56] 任玉琴. 英汉跨文化交际中的隐喻研究 [J]. 牡丹江教育学院学报, 2010 (05): 46-47.
[57] 邵新, 张晶. 英汉味觉词“甜”的隐喻对比研究 [J]. 英语广场（学术研究）, 2012 (02): 43-44.
[58] 舒丽娜. 英汉消极情感隐喻体验基础认知对比 [J]. 伊犁师范学院学报（社会科学版）, 2011 (02): 99-102.
[59] 束定芳. 隐喻学研究 [M]. 上海: 上海外语教学与教育出版社, 2000.
[60] 苏立昌. 英汉概念隐喻比较与外语教学 [M]. 天津: 南开大学出版社, 2016.
[61] 孙桂英. 隐喻认知观与英汉隐喻释译 [J]. 河南大学学报（社会科学版）, 2010, 50 (6): 141-145.
[62] 孙毅. 当代隐喻学的理论范式构念 [J]. 海南大学学报（人文社会科学版）, 2019, 37 (6): 126-134.
[63] 孙玉兰. 浅谈英汉语言中“耳”的隐喻趋同性——基于语料的英汉对比研究 [J]. 现代语文旬刊, 2012 (9): 146-147.
[64] 田蔷薇. 英汉植物词隐喻认知的文化对比研究 [D]. 西南大学, 2014.
[65] 帖伊. 对张立英、徐勇《从语料库看英汉隐喻模式的异同——以爱情隐喻和理智隐喻为例》的评价 [J]. 群文天地, 2011 (24): 12.
[66] 王春平, 李天贤. 英汉味觉词“辣”的认知隐喻对比分析 [J]. 现代语文: 下旬. 语言研究, 2010.
[67] 王珂, 李晓艳. 英汉隐喻认知对比研究 [M]. 成都: 四川大学出版社, 2017.
[68] 王姝婷, 林立红. 英汉食物名词的概念隐喻比较 [J]. 现代语文（语言研究版）, 2014,

000（08）：145-147.
[69] 王文莲. 从认知看英汉语言静态与动态对比及翻译启示［J］. 山东广播电视大学学报，2014（01）：70-73.
[70] 王晓芬. 跨文化视角下英汉数字隐喻的对比分析［J］. 海外英语，2014（07）：249-250.
[71] 王晓俊. 中国本土化隐喻认知观初探［M］. 郑州：黄河水利出版社，2014.
[72] 吴海英. 英汉数字隐喻的文化认知［M］. 广州：世界图书出版广东有限公司，2016.
[73] 吴荔佳. 认知视域下的英汉隐喻对比研究综述［J］. 文化创新比较研究，2018，2（18）：95-96.
[74] 习晓明. 英汉语言共性研究［M］. 成都：四川大学出版社，2008.
[75] 徐扬尚. 中西文化话语比较［M］. 芜湖：安徽师范大学出版社，2011.
[76] 杨会水. 英汉语"生气"情感隐喻的认知对比［J］. 成功（教育），2011（06）：197.
[77] 杨梅. 英汉时间隐喻空间化认知对比研究［J］. 毕节学院学报，2010，28（05）：17-22.
[78] 杨媚. 外交语篇中的概念隐喻和语法隐喻［J］. 海外英语（上），2015，(3)：229-231.
[79] 杨洋，夏日光. 英汉时间的空间隐喻化认知对比研究［J］. 青海大学学报（自然科学版），2011，29（03）：81-84，98.
[80] 姚小平，洪堡特. 人文研究和语言研究［M］. 北京：外语教学与研究出版社，1998.
[81] 殷凌云. 英汉警示语视觉隐喻研究之语言比较［J］. 吉林广播电视大学学报，2010，000（03）：126-128.
[82] 于婷，于广. 英汉"快乐"情感隐喻认知对比研究［J］. 黑龙江社会科学，2010（04）：102-104.
[83] 元甜甜. 英汉非基本颜色词的构成及隐喻认知对比［J］. 现代语文（语言研究版），2014（12）：149-151.
[84] 袁红梅. 英汉"恐惧"隐喻对比研究［J］. 疯狂英语（教师版），2009（04）：107-111，160.
[85] 袁缘. 隐喻象似性对英汉广告语言的影响［J］. 山海经：上半月，2017，000（05）：36.
[86] 岳喜华，韩立志. 英汉关系隐喻认知对比研究［J］. 边疆经济与文化，2013（02）：139-140.
[87] 张丹. 英汉语中"手"的隐喻对比研究［J］. 湖北广播电视大学学报，2013，33（04）：100-101.
[88] 张光明. 认知隐喻翻译研究［M］. 北京：国防工业出版社，2010.
[89] 张慧智. 英汉语言中爱情隐喻的跨域映射研究［J］. 河北经贸大学学报：综合版，2014（01）：30-32.
[90] 张立新. 互文性与隐喻——中美外交话语隐喻互文性比较研究［J］. 语文学刊，2017，(2)：34-38.
[91] 张立新. 外交话语隐喻认知叙事研究［M］. 南京：东南大学出版社，2018.
[92] 张林影，李波. 英汉隐喻研究［J］. 黑龙江科技信息，2008（23）：161.
[93] 张林影. 英汉"恐惧"概念的隐喻对比分析［J］. 牡丹江师范学院学报（哲学社会科学版），2012（05）：118-120.

[94] 张明权. 从隐喻的认知功能看英汉隐喻互译 [J]. 高等函授学报（哲学社会科学版），2008 (10): 72-75.
[95] 张蕊. 英汉语言关于“生命”的概念隐喻之比较分析 [J]. 北京科技大学学报（社会科学版），2012，28 (02): 42-50.
[96] 张艳红. 汉英饮食成语隐喻认知研究与对外汉语教学 [D]. 徐州：江苏师范大学，2012.
[97] 赵芳. 英汉语“喜悦”情感隐喻认知对比研究 [J]. 北方文学（下半月），2012 (01): 133-134.
[98] 赵娟. 现代英汉隐喻探究与跨文化翻译策略 [M]. 北京：中国水利水电出版社，2018.
[99] 赵亚玲. 英汉“愤怒”隐喻认知对比 [J]. 科教文汇（上旬刊），2007 (07): 190-191.
[100] 周光庆. 汉语词汇认知文化机制研究 [M]. 北京：商务印书馆. 2012.
[101] 周维芝. 英汉隐喻对比与翻译 [J]. 海外英语（下），2020，(1): 87-88.
[102] 周文杰. 英汉隐喻认知对比研究 [J]. 郑州航空工业管理学院学报（社会科学版），2009，28 (06): 97-99.
[103] 朱玲. “思想”概念隐喻的英汉对比 [J]. 英语广场（学术研究），2013 (06): 32-34.